本书为中国·文物出版社和日本·平凡社合作出版《中国石窟·永靖炳灵寺》的中文版，收录炳灵寺石窟自西秦迄明代逾67窟龛的雕塑、壁画和外景，以及有关的论文等。其中的彩色图版是由平凡社主持印制的。

中國石窟

永靖炳灵寺

甘肃省文物工作队
炳灵寺文物保管所 编

文物出版社

目　录

图版目录

永靖炳灵寺·序

吴作人

　　两千余年以来，古代佛教艺术的幸存，主要求之于石窟。随着佛教的东传，著名佛教石窟艺术西起古天竺的阿旃陀，东迤至大陆的东岸。这些佛教石窟的兴凿，除了中原南北的佛教胜地外，恰断续位于东西商旅交通的主要路线上，尤其是军事重镇、交通转运点上。这条横贯大陆的交通路线，从古长安（今西安）穿越葱岭直通大秦（古罗马帝国），古来被称为"丝路"，中国称之为"丝绸之路"。在这条路上来往的不只是货物、丝织品，还有东传佛教和去"西天"取经的僧人。在千峰笔立、万壑承虚的小积石山中，黄河汹涌湍流而过。永靖县位于黄河南岸，出北门渡河沿山岭西行，约二十公里险陡的山径，南折而达炳灵寺。炳灵寺石窟的始凿年代，目前尚无可靠记载，然按今编号第169窟的墨迹题记："西秦建弘元年"（公元420年），可算迄今所发现的最早石窟年纪，但我们也难断定这就是开山凿窟造像之始。

　　正如郑振铎《炳灵寺石窟概述》^①所说，石窟的创凿，可自公元四世纪到公元十五世纪而未衰，约有一千余年的历程。我们从石窟的石雕、石胎泥塑，以及各朝加层的壁画，最后一直到清，都能看出公元四、五世纪以来不同朝代的艺术风格。我们知道，无论东传或西求佛法的高僧，为数不少，晋魏隋唐各代亦不乏说法弘德的大师，可是当时的封建统治者和被统治者岂能真正悟法。他们或镇慑于

永靖炳灵寺位置图

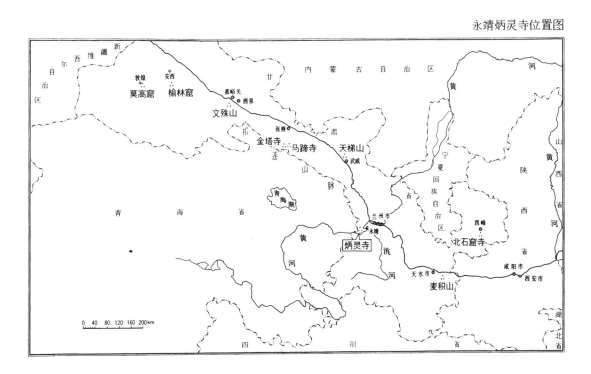

黄河北岸的小积石山

果报轮回，或迷醉于西方乐土。封建"统治者"匪殆作恶，闻"法"而惊怵，乃广聚征敛，虔造盛修，以求佑赦。"贫苦下民"则为暴政困敝终生，怨尤无可伸诉，惟寄援于神灵。行旅经营者万里跋涉，西去茫茫，祈免遇杀人越货之厄，亦莫不在登程之前，佛前先礼许大愿。于是封建主、显贵竞相广建石窟，一时僧徒云集、香火盛烈。炳灵寺石窟以及其它著名石窟寺，咸因时因地应运而生。也是随着政治历史的盛衰，各民族聚居点互相侵据，交通阻隔，兵燹动乱，窟寺为摧，盛极一时的崖悬伽蓝、飞楼叠殿，终遭委弃。到如今，我们犹能看到当年依崖悬筑的枋架、凿在石壁上巨细楔孔的遗痕。

炳灵寺命运乖舛，却终因中华人民共和国建立而获重生。建国不久，国家文物主管部门指派专题勘察团②由北京出发，跋涉荒山激川，抵大寺沟。前此，1951年，西北大学历史教授冯国瑞曾已前往勘察，写成《炳灵寺石窟勘察记》一书，是为炳灵寺调查最早的报告。那是1952年初秋，去大西北的铁路完成通车的前夕，到兰州的地面交通只有公路。当时我们勘察团的另一路已由敦煌先到兰州。从北京出发的一路乘火车到犹有炎炎夏意的西安，再换卡车盘旋上六盘山。我们全体挤在一间有热炕的小旅店里，度过六盘高峰的漫山大雪之夜。

兰州的文物局为我们安排了一位向导，带我们走兰州—永靖公路，选择黄河上平静的渡口，过到北岸，备了骑乘。此后的一段却是连马都不敢走的山脊梁砾砂狭路。二十多公里险径，一失足就要坠落深谷。可是当我们到了炳灵寺，探明路线形势，我们一致同意回程放弃原路，易由大寺沟乘大羊皮筏，在急涡回漩的黄河激流中，千旋百转，竟安稳地渡到南岸，再登骑走平道三十里而返永靖。

这一次在炳灵寺作了初步调查。对古寺残迹，测绘制图，临摹摄影。没有岩礵栈道，只用两具长梯相连成十六米长的云梯，在场人员，包括山寺喇嘛，群力推起，有不顾长梯颤颤危险的人上了高层石窟。至若大佛之上，相传"石柜藏书"，还是可望而不可测。为时既短，条件极差，然为使晦隐重辉，从事勘察工作者克服种种艰险，攀崖探窟。凡能取得的丰富资料，其中部分也已见于1953年北京版《炳灵寺石窟》。

其后，于1967年治理黄河，上游兴建刘家峡水库，国家拨了巨款，对炳灵寺石窟做了妥善的保护安排，甘肃省再遣派了专家和工作人员作了更深入的研究，修筑曲廊栈道，探登了前次勘察所未到的洞窟，并按新编窟号印行了1982年北京版《炳灵寺石窟》[3]，使我们这座千余年的佛教艺术宝藏，得为广大群众所欣赏赞叹，中外学者、艺术家从而增进对佛教石窟艺术的见解。我们这次两大佛教艺术国家的合辑斯卷，意义深远，我殷切希望它要比前此两卷的内容更丰富，更有佛教艺术研究的学术性和科学性。

古来有关今炳灵寺的记述，有郦道元《水经注》(北魏)、释道世《法苑珠林》(唐)等名著，虽都属于据传闻记述，神秘幻构，语焉不详，且测距夸大，但亦有重要参考价值。同许多其它石窟一样，炳灵寺佛教圣地，后为密宗所据，道家亦来此遁迹。群峰列龛，云岚缭绕，旦暮昏晦，人耶偶耶，古民称之为鬼域(唐述)固不足为奇了。

大寺沟深处

而今具备一切现代化摄影、勘测、印刷、交通条件，使先民创造的伟大艺术宝藏揭其神秘面纱，以其应有的历史价值、艺术价值再现于人民的面前，使世人通过这本图册取得对中国佛教艺术更深的认识，而加意爱护焉。

一九八五年于北京

① 见于中央人民政府文化部社会文化事业管理局编印《炳灵寺石窟》，北京1953年版。

② 1952年，中央文化部与西北文化部决定派遣专家组成"炳灵寺石窟勘察团"，由赵望云、吴作人、常书鸿任正副团长，团员有张仃、李可染、李瑞年、夏同光、萧淑芳、冯国瑞、范文藻、段文杰、孙儒僩、窦占彪等共十三人。九月十八日从兰州出发，二十九日返回兰州，共用了十二天时间。

③ 甘肃省博物馆、炳灵寺石窟文物保管所编《炳灵寺石窟》，文物出版社北京1982年版。

永靖炳灵寺·序

岳邦湖

雕塑艺术在旧石器时代就已经产生，在奥地利维林多福洞穴中发现的用石炭岩雕刻的妇女形象，是属于旧石器时代奥瑞纳文化的雕塑杰作。

中国的新石器时代，人们采用陶泥雕塑人物形象已不是罕见的了，即如甘青地区，礼县高寺头、秦安大地湾、广河半山、青海柳湾都出土了属于仰韶文化人头形陶器，堪称精美的雕塑艺术品①。到了殷周时期，大量的青铜器纹样和玉雕以及石刻的奴隶形象等，都是以完整的人物为主题的雕塑。秦汉时期则更出现了形象逼真的大型石刻和陶塑人物，如陕西临潼秦始皇陵兵马俑，兴平汉武帝茂陵的石刻，题材内容逐渐以反映现实生活为主。这些不同历史时期雕塑艺术的产生与发展，给后来佛教雕刻大规模发展打下了基础。

印度的佛教正式传入中国，大约始于公元一、二世纪的东汉时期。首先越过兴都库什山脉进入中亚，并逐渐移入新疆，沿着河西走廊进入中原。位于新疆拜城的克孜尔千佛洞，库车的库木吐拉千佛洞，其年代虽然尚无定论，但从壁画风格看，显然比甘肃现存石窟要早。而甘肃的石窟寺，大多兴起于十六国时期。位于河西走廊的敦煌莫高窟，肃南文殊山、金塔寺，武威天梯山以及永靖炳灵寺，天水麦积山等，都是在这一时期开创的。中国早期的佛教艺术是在继承秦汉以来传统艺术的基础上，融合外来的一些艺术形式而创造出来的，具有中国的民族特色。炳灵寺早期塑像和壁画也是如此，炳灵寺第169窟的塑像和壁画，虽然还带有浓郁的西域风格，但它所受到中原汉民族文化影响的因素是不可忽视的。任何外来的文化艺术，如不能与本地区、本民族文化艺术相结合，则将成为无源之水，不会有很大的发展。

炳灵寺石窟位于甘肃永靖黄河之滨，是"丝绸之路"故道，也是由此渡黄河入青海的交通要冲。它的修凿自十六国西秦时开始，历经北魏、北周、隋、唐、西夏、元、明各代，常常受到当地统治者的关注。十六国时期在西北有三秦、五凉、夏等小王朝，大都笃信佛教。西秦乞伏氏，建都枹罕（今临夏），高僧昙无毗，玄高、昙弘、玄绍，都到过唐述山（即炳灵寺）。第169窟内还可以看到昙无毗、法显、道融等的画像与榜题。

第169窟是一个天然洞穴，工匠们在不加修饰的洞壁用篱笆涂泥作龛，然后塑像，也有利用崖壁作成浅龛。塑像多是释迦牟尼禅定、说法、苦修等像，也有无量寿佛、三佛及菩萨等，面形硕圆，鼻脊高直，眼眉修长，体态雄健，表情端庄肃穆。衣裙质地轻薄如纱。壁画人物形象古朴，用笔劲健有力，色泽艳丽夺目。画面结构紧凑，空间安排得体。男女供养人面形和服饰继承汉魏以来宽袍广袖的遗风。半卧帷帐内的维摩诘像，袒胸露臂，顶部绘圆形华盖，傍立一侍者，俨然一尊温静沉思的菩萨形象，与敦煌莫高窟隋、唐时期的满面苍须能谈善辩的维摩诘形象迥然不同。

1967年清理发掘中的大寺沟窟龛群

北魏以后炳灵寺造像多以石刻为主，都具有较鲜明的时代特征。北魏造像风格，"秀骨清像"，"褒衣博带"，面貌清瘦，体躯修长。第126窟附近发现的北魏延昌二年（公元513年）曹子元造窟题记，为这一时期造像的具体年代提供了依据。

炳灵寺隋代石窟不多，至唐代乃形成其凿建的鼎盛时期，共有窟龛一百三十余个，包括仪凤三年（公元678年）摩崖碑刻一处，永隆二年（公元681年）题记多处。初盛唐的雕塑技巧达到精美成熟阶段，人物形象小巧玲珑，姿态优美，比例匀称而富于变化。

炳灵寺未发现宋、西夏石窟。到了元代，喇嘛教盛行，炳灵寺石窟早期壁画多被涂盖，而被藏传密宗的新题材所代替。据碑文记载，明代曾在此重修三次[2]。炳灵寺遭到大规模破坏是在清朝同治年间，其中有些洞窟被用火药炸毁，从此这里处于荒芜状态。

炳灵寺石窟的勘察研究工作是解放后开始的。1951年冯国瑞先生对炳灵寺石窟作了初步调查。1952年，中央文化部组织国内著名的美术、考古工作者进行了第一次全面考察，曾进行了详细的记录、临摹、摄影、测绘，取得了丰硕成果。但当时由于条件所限，有些重要洞窟未能攀达。

1955年成立了炳灵寺文物保管所。1961年国务院公布炳灵寺为第一批全国重点文物保护单位。

1963年甘肃省文物工作队又组织人力作了第二次勘察③，当时很多洞窟栈道仍未修通，他们利用绳索和一架木制高梯，在十分艰险条件下，仅用一个半月的时间完成了一百八十四个洞窟的记录、测绘、摄影工作。他们曾冒着极大危险登上距地面60米高的现编第169号洞窟，首次发现西秦建弘元年(公元420年)墨书题记以及大量的西秦造像和壁画。这一重大发现，不仅为推断炳灵寺石窟的开创年代找到了可靠依据，而且也为甘肃境内其它早期石窟的断代提供了旁证。1967年为避免新建的刘家峡水库危及石窟的安全，在窟前建造了长250米、高16米的防护大坝。甘肃省文物工作队又及时对窟前遗址进行了清理发掘，在大佛前高台上，清理出唐代的殿基和柱础石等遗迹，证明大佛前面原有规模宏伟的木构高层殿堂建筑。1973年，全部洞窟的栈道全部架通。近年来，炳灵寺石窟愈益成为欣赏、考察和研究中国佛教和石窟艺术的胜地。

为编辑本卷，我们特将三十余年来的考察成果作了一番系统的整理，以期将炳灵寺石窟艺术及其研究现状，全面地、科学地介绍给读者。

① 张朋川《甘肃出土的几件仰韶文化人像陶塑》，《文物》1979年第11期。
② 冯国瑞《炳灵寺石窟的历史渊源与地理环境》，《文物参考资料》1953年第1期。
③ 甘肃省文化局文物工作队《调查炳灵寺石窟的新收获》、《文物》1963年第10期。

1 黄河北岸的大寺沟口

3 俯瞰大寺沟

4 由栈道上登第169窟

5　第169窟　西壁　西秦—唐

6　第169窟　西壁上部　佛龕群　西秦

10　第169窟　南壁上部　佛龕群　西秦—北魏

11　第169窟　南壁上部　五佛（部分）　西秦

13　第169窟　南壁上部　五佛（部分）　西秦

16　第169窟　南壁上部　佛龛　西秦

19　第169窟　北壁后部　佛龛　西秦

22　第169窟　北壁无量寿佛龛内　佛背光（部分）　西秦

23　第169窟　北壁无量寿佛龛内　佛背光（部分）　西秦

25　第169窟　北壁无量寿佛龛侧　供养人　西秦

26　第169窟　北壁无量寿佛龛侧　供养人　西秦

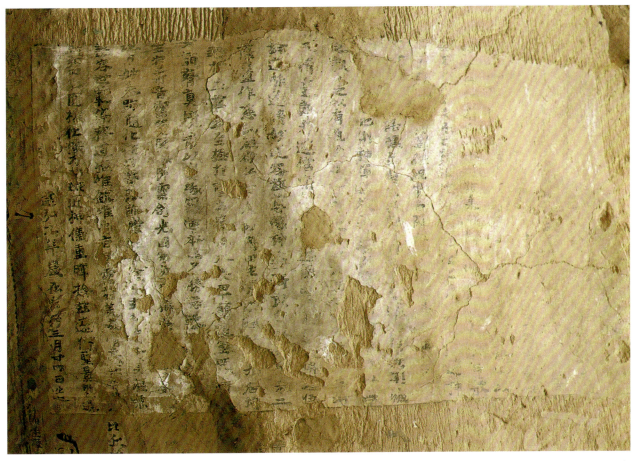

28　第169窟　北壁无量寿佛龛侧　墨书题记　西秦

29　第169窟　北壁后部　佛龛　西秦

30　第169窟　北壁后部　立佛　西秦

32　第169窟　北壁后部　立佛　西秦

33 第169窟 北壁后部 立佛 西秦

34 第169窟 北壁后部 佛龛 西秦

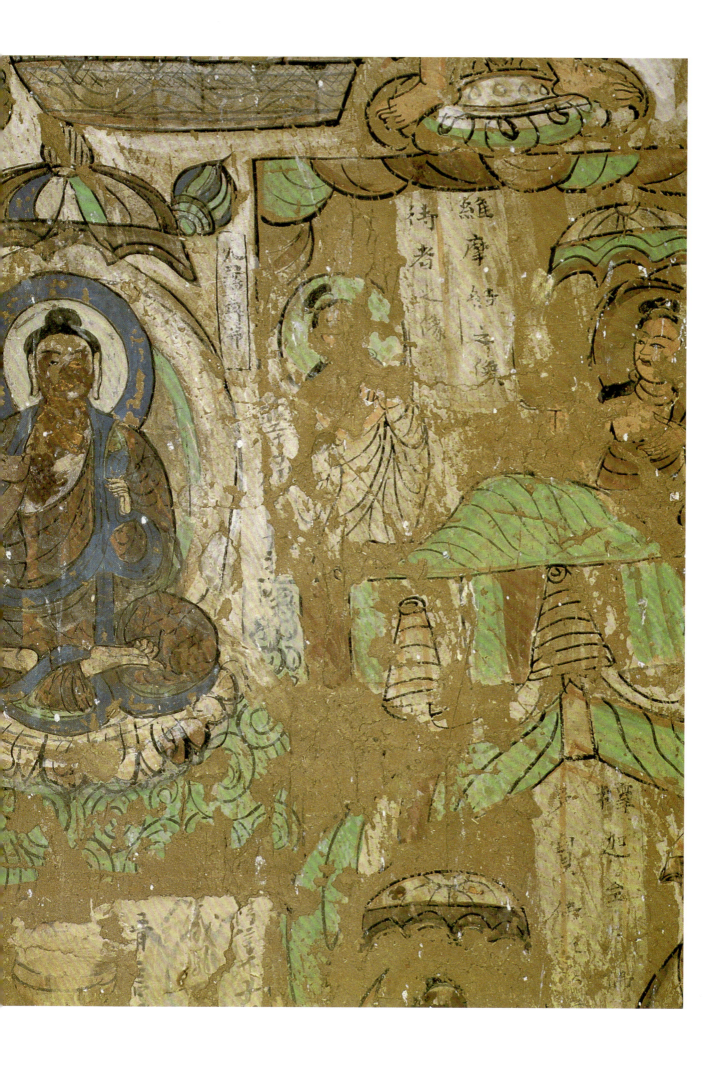

41　第169窟　北壁后部　维摩诘变　西秦

42　第169窟　北壁前部　说法图　西秦

43 第169窟　西壁下部　菩萨　西秦

44 第169窟　西壁下部　菩萨（部分）　西秦

45 第169窟　西壁下部　五佛（部分）　西秦

46 第169窟　西壁下部　半跏菩薩　西秦

47 第169窟　南壁上部　佛龕　西秦

48 第169窟　西壁下部　佛龕　西秦

50　第169窟　南壁上部　佛龕　西秦

51　第169窟　南壁上部　佛龕　西秦

52　第169窟　南壁下部　佛龕　西秦

53　第169窟　南壁下部　坐佛　西秦

54　第169窟　南壁下部　坐佛　西秦

56　第169窟　南壁下部　坐佛　西秦

57　第169窟　南壁下部　苦修像　西秦

58 第169窟 南壁下部 坐佛 西秦

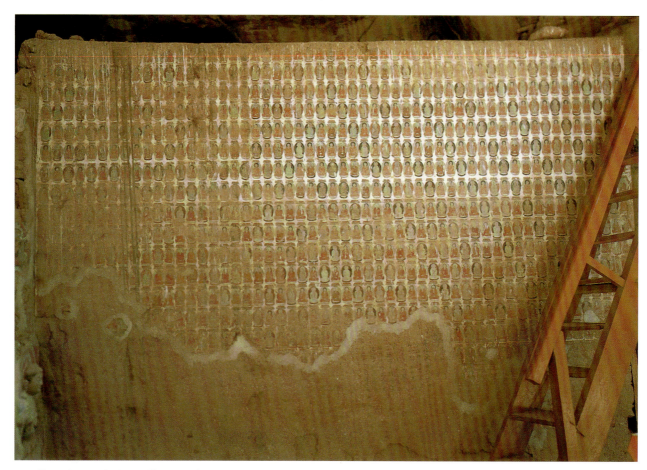

60 第169窟 西壁前 千佛壁 西秦—北魏

61 第169窟 北壁前部 佛龛 西秦—北魏

62　第169窟　北壁前部　佛龛　西秦—北魏

63　第169窟　北壁前部　天王（部分）　西秦—北魏

64　第169窟　北壁前部佛龛侧　因缘故事　西秦—北魏

65 第169窟 北壁后部 佛龛 北魏

66 第169窟 北壁后部 坐佛（部分） 北魏

67 第169窟 北壁后部 坐佛（部分） 北魏

68 第169窟 北壁后部 佛龛 北魏

69 第169窟 北壁后部 佛龛 北魏—西魏

70 第169窟 西壁上部 壁画 隋—唐

71　天桥栈道

73　第172窟　北壁　西秦—北周

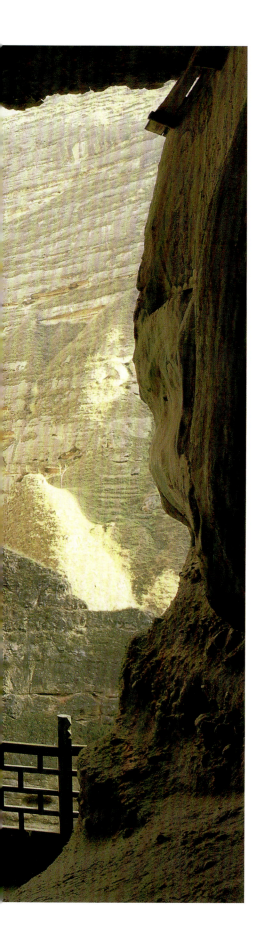

74　第172窟　北壁上部　坐佛（部分）　北魏

75 佛爷台

76 佛爷台 壁画 西秦—北魏

77 第184窟 北壁上部 壁画 北魏

78 第184窟 东壁上部 壁画 北魏

84　第126窟　西壁上部　半跏菩萨　北魏

85　第126窟　西壁　供养人　北魏

89 第126窟　北壁　菩萨（部分）　北魏　　　　　　90 第126窟　南壁　菩萨（部分）

91 第128窟 东壁门上 北魏

92 第128窟 西壁 坐佛（部分） 北魏

93 第128窟 东壁上部 半跏菩萨 北魏

95 第132窟 北壁 交脚菩萨 北魏

97　第132窟　北壁　菩薩　北魏

98　第132窟　北壁　力士　北魏

99 第132窟 南壁 北魏

100　第132窟　南壁　菩萨（部分）　北魏

102　第2龕　并坐二佛　北魏

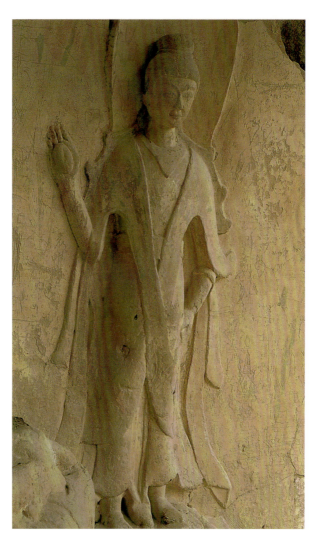

103　第2龕　菩萨　北魏

105　第6窟　北壁　菩薩（部分）　北周

106　第6窟　南壁　菩薩　北周

108 第172窟 北壁下部 五佛 北周

109 第172窟 北壁下部 立佛 北周

110 第172窟 西壁 佛帐 北周—明

111 第172窟 西壁 佛帐（部分） 北周—明

112　第172窟　西壁佛帐内　西壁　北周

113　第172窟　西壁佛帐内　南壁　北周

114　第172窟　西壁佛帐内　北壁　北周

115　第172窟　西壁佛帐内　西壁、南壁（部分）　北周

116　第8窟　西壁　坐佛　隋 　　　　　　　117　第8窟　北壁　菩萨　隋

118 第8窟 西壁南側 佛弟子 隋

119 第8窟 西壁北側 佛弟子 隋

120 第8窟 北壁上部 菩薩 隋

121 第8窟 南壁上部 菩薩 隋

122　第8窟　北壁下部　供养人　隋

123　第8窟　南壁下部　供养人　隋

124 第8窟 东壁南侧 维摩诘 隋

125 第8窟 南壁 菩萨 隋

126 唐代窟龛群

128   第23龛   唐

131 第27龛 唐

132 第27龛 龛顶 唐

133　第28龛　唐

134　第28龛　南壁　天王、菩萨　唐　　　　　　　135　第28龛　北壁　菩萨、天王　唐

136 第29龛 唐

137 第29龛 龛外南侧 天王 唐

138 第29龛 龛外北侧 天王 唐

141　第34龛　唐

143 第38龛 唐

145 第39龛 立佛（部分） 唐

147 第42龛 唐

151 唐代永隆年间列龛（第49～58龛）

152 列龛南侧　唐

156 列龛北侧 唐

157 第61龛 唐

158 第61龛 南侧 菩萨 唐

160 第62龛　唐

161 第63龛　唐

162 第64龛 唐

163 第64龛 南侧 菩萨（部分） 唐

164 第64龛 北侧 菩萨（部分） 唐

165 第64龛 南侧 地鬼 唐

166 第64龛 北侧 地鬼 唐

167　第65龕　唐

174 第4窟　西壁北侧　佛弟子　唐　　**175** 第4窟　西壁南侧　佛弟子　唐　　**176** 第4窟　南壁　天王　唐

177 第78龛　唐

178　第87龕　唐

179 第88龛 唐

180 第88龛 龛顶 唐

181 第92窟 西壁 坐佛（部分） 唐

182 第92窟 北壁 菩萨 唐

183 第92窟 南壁 天王、菩萨 唐

184 第92窟 南壁 菩萨（部分） 唐

195 第150窟 唐

196 第151窟 西壁北侧 佛弟子（部分） 唐 **197** 第155龛 北侧 佛弟子 唐

198　第158龕　立佛（部分）　唐

199　第166龕　南壁　佛弟子　唐

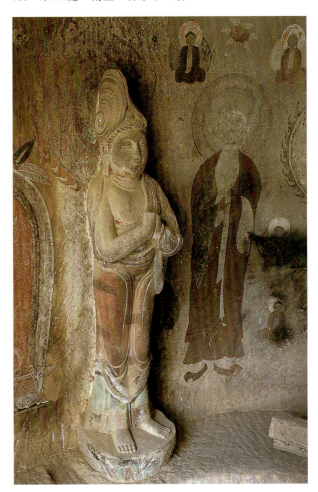

200　第10窟　西壁、北壁　佛弟子、菩薩　唐

201　第10窟　南壁　菩薩　唐

203 第10窟 北壁 天王（部分） 唐

204 第10窟 南壁 天王 唐

205 第10窟 南壁 天王（部分） 唐

208 第12龛 唐

209 第13龛 唐　　　　　210 第25、26龛 唐　　　　　211 第48龛 唐

212 第134窟 南壁 供养比丘 唐

213 第134窟 西壁北侧 供养菩萨 唐

214 第46龛 坐佛 西夏

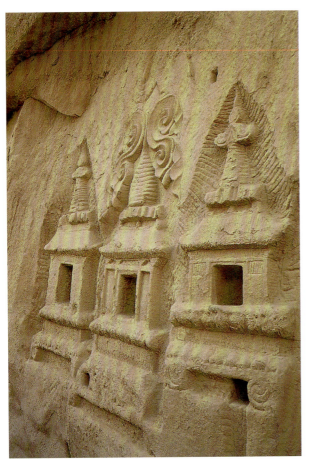

216 浮雕石塔 北宋—清

217 浮雕石塔 北宋—清

218 第168窟 南壁 菩萨 明

219　第3窟　南壁　菩薩　明　　　　　　　　　　　　220　第3窟　北壁　菩薩　明

221　第3窟　西壁　喜金剛　明

222　第3窟　南壁　菩薩　明

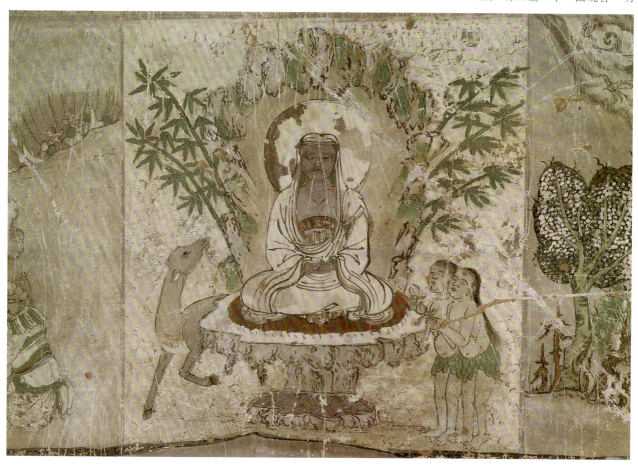

223 第3窟 西壁 佛教故事 明

224 第3窟 西壁 佛教故事 明

炳灵寺石窟综述

董玉祥

图1　黄河北岸的大寺沟口

一

炳灵寺，位于甘肃省永靖县西南约四十公里处黄河北岸的小积石山，是我国著名石窟寺之一。窟群分布在上寺、下寺和上、下二寺之间的洞沟等处，现存窟龛总数共196个，大部集中在下寺，计窟龛184个（窟40、龛144个）。在下寺窟龛中，现存大小石雕造像694躯，泥塑82躯，残存壁画约912平方米。造像最大的高达27米，最小的不足20厘米。下寺窟龛全部开凿在大寺沟西侧崖壁上，周围山势奇伟，千峰矗立，在巨石环抱中宛如一座辉煌壮丽的艺术宫殿。黄河自窟前奔腾流过，更显气势磅礴壮观（图1）。

据有关文献记载，炳灵寺石窟最早称为"唐述窟"，唐代称"灵岩寺"。"炳灵寺"的称谓始于宋代，以后一直沿用。炳灵是藏语 བྱམས་པ་འབུམ་གྲིང་། 音译"仙巴炳灵"的简化，意为"十万弥勒佛洲"。这与汉语"千佛洞"、"万佛堂"等都是类似的意思。

有关炳灵寺最早的记载，当推北魏郦道元所著《水经注》："河水又东北会两川，右合二水，参差夹岸连壤，负险相望。河北有层山，山甚灵秀。山峰之上立石数百丈，亭亭桀竖，竞势争高，远望嶒峻，若攒图之托霄上。其下层岩峭壁，岸岸无阶，悬岩之中，多石室焉。室中若有积卷矣，而世士罕有津逮者，因谓之积书岩。岩堂之内每时见神人往还矣，盖鸿衣羽裳之士，炼精饵食之夫耳，俗人不悟其仙者，乃谓之神鬼。彼羌目鬼曰唐述，复因名之为唐述山，指其堂密之居谓之唐述窟。其怀道宗玄之士，皮冠净发之徒，亦往栖托焉。故《秦州记》曰：'河峡崖傍有二窟；一曰唐述窟，高四十丈，西二里有时亮窟，高百丈、广二十丈、深三十丈，藏古书五笥。亮，南安人也'"[①]。唐代的释道世在《法苑珠林》中亦记曰："晋初河州唐述谷寺者，在今河州西北五十里，度风林津登长夷岭南望名积石山，即禹贡导河之极地也。群峰竞出各有异势，或如宝塔，或如层楼，松柏映岩丹青饰岫，自非造化神功，何因绮丽若此。南行二十里得其谷焉，凿山构室，接梁通水，绕寺华果疏菜充满，今有僧住。南有石门滨于河上，镌石文曰：'晋太始年之所立也。'寺东谷中有一天寺，穷讨处所略无定址，常闻钟声，又有异僧，故号此谷名为唐述，羌云鬼也。所以古今诸人入积石者，每逢仙圣行住，恍忽现寺现僧。"[②]

以上两则记载，不仅记述了小积石山周围千山攒涌和万峰争奇的自然风光，同时也反映了从魏晋到隋唐之际炳灵寺一带的佛教活动情况。这些古代文献记载中，虽不免有神异色彩和某些不实之处，但总的看来，对于山川景色或佛教活动基本情况的描述，大都是可信的。

二

永靖县属今甘肃省临夏地区。临夏旧称河州，民国初年，先改为导

① 北魏·郦道元《水经注》卷二《河水》。

② 唐·释道世《法苑珠林》卷三十九《伽蓝篇》（《大正藏》卷53，p. 595）。

河，后改为临夏。旧河州全境，包括今临夏地区的临夏、永靖、广河、和政等县。境内川岭盘亘③，河流纵横，其形势犄角河西，肘腋陇右，位置险要，古代常为兵家所看重。同时，这里也是多民族纷争、融合和共同开发、共同生活的地区。这里古属西羌地，秦代为陇西郡，汉武帝征西羌后置枹罕县，属金城郡，东汉归辖陇西郡。汉献帝时曾为宋建所据，建安十九年（公元214年）曹操遣夏侯渊讨平复之。西晋惠帝永宁年间，又于此置晋兴郡。东晋成帝咸和二年（公元327年），前赵刘曜曾兵据枹罕。前秦符坚始置河州，后西秦乞伏乾归据此，称河南王④。乾归死后，其子乞伏炽磐继位，在他统治全盛时期（公元412~427年）的十余年中，曾几次徙羌豪于枹罕，最后终以枹罕（今临夏附近）为国都。乞伏炽磐深信佛法，在他定都枹罕后，就迎请当时中土及西域高僧来传播佛教。"时乞伏炽磐跨有陇西，西接凉土"，有外国禅师昙无毗、内地高僧玄高，都曾前来"领徒立众，训以禅道"或"崇为国师"⑤。来西秦传经布道的著名僧人还有如昙弘、玄绍及译经沙门圣坚⑥等。有关文献记载，充分反映出西秦统治集团上层人物对佛教的笃信虔诚。1962年甘肃省文物工作队在今编号第169窟发现西秦建弘元年（公元420年）造像题记⑦，可知炳灵寺石窟也正开创于公元四世纪末的西秦时期。这显然是与西秦统治者大力提倡佛教有关。文献记载和窟内供养人题记表明，上述弘法高僧大都曾前往唐述山，并积极参与了炳灵寺的营造。

石窟的开凿，因地制宜。雄伟壮丽的小积石山的山岩为白垩纪砂岩，颗粒小，胶结性能好，可以进行雕刻。因此，炳灵寺石窟内除第169、8、134、等窟较多为泥塑造像外，其余各窟龛造像均为石雕。

炳灵寺石窟第1窟及第169窟，是西秦时期有代表性的两个窟。第1窟位于窟群最南端接近黄河岸边的崖壁上，为大型摩崖造像龛，龛前木构建筑已毁，仅存一些木桩痕迹。五十年代我们初次考察所见龛内一佛二菩萨造像，系明代在原来石雕造像上面重新泥塑施彩而成。1964年，筹建刘家峡水库时，剥去已残破的明代重塑泥皮，曾露出较完整的西秦佛像原作（图2）。此像为旋涡纹高肉髻，方颐，双眉细如弯月，两眼圆睁，高鼻薄唇，大耳垂肩，体魄雄健，身披轻薄透体的通肩大衣，下着裙，跣足而立，衣纹阴刻双线，细密而又不显得繁琐。佛像神情庄重古朴，给人一种威严和神秘的感觉，艺术风格与第169窟内西秦早期造像基本一致。

第169窟在炳灵寺石窟中规模最大、内容最丰富，时代也最早。它坐落在窟群北端唐代大佛的南侧上方，原距地面60余米，就其位置的险峻和《水经注》、《法苑珠林》中的记载来判断，它可能就是所谓"寺东谷中的天寺"或"唐述窟"。它原是一个近似长方形的很不规则的天然石洞，宽26.75、深19、高约15米。千百年来，因窟内常有雨水渗流漫蚀，窟底中部早已坍塌，现靠重新搭起的木构栈道和悬梯通往窟内各龛。窟内四壁原布满佛龛，现存佛龛及壁画共编号24个。造像的制作分石雕、石胎泥塑和泥塑共三种，其中以泥塑像为主。诸龛的时代，大体分属于西秦和北魏两个阶段，其中尤以西秦时期的窟龛居多。西秦佛龛，依其造像内容、风格、窟龛位置及有关的造像题记，也可有早晚之分。

早在西秦建弘元年以前，应已有开龛造像之举。第18号壁面位于第169窟正壁的中心，立佛居中，周围布满十余个小佛龛。一般来说，最初在洞窟内造像的施主，必然要选择最好的地形和位置。从造像题材上看，这十余个佛龛，每龛内均造一佛，或坐或立（坐像居多），题材比较

③ 清·康熙四十六年修《河州志》卷一："积石山，州西北百二十里。禹贡导河自积石至龙门，两山如削，河流其中，外临番界，金城要地。隋立河源郡，命刺史刘权镇之，唐李靖伐吐蕃经积石。宋、元立积石州，明洪武时改为关，有禹王庙"，"雪山，州西南百五十里，接洮州番界，四时积雪，石如露骨，一名露骨山。熙宁六年，木征据河州，王诏克之，穿露骨山，南入洮州境，山径陡峻狭隘"。

④ 《河州志》卷一《沿革》。

⑤ 梁·释慧皎《高僧传》卷十一《释玄高》（《大正藏》卷50，p. 397）。

⑥ 《法苑珠林》卷一百《传记篇》（《大正藏》卷53，p. 1020）。

⑦ 甘肃省文化局文物工作队《调查炳灵寺石窟的新收获——第二次调查（1963年）简报》，《文物》一九六三年第十期。

简单，大小不一，分布亦不规则。其造像特点，形体高大，体魄雄健，着轻薄透体紧贴身的通肩大衣或半披肩式的袈裟，神情冷峻，风格古朴。第23号龛并排塑造五佛(图3)，不仅形象古雅，神情威严，在通肩袈裟衣纹的处理上，阴刻线的处理斜向左肩，这种方法，显然是受西域造像规范的影响，属于较早期的特点，可能是早于建弘元年(公元420年)的作品。此外，现编第10号壁画下部露出一块底层壁画，风格也早于表层的建弘期壁画。这一组壁画，原在白地上画一佛二菩萨，由于上层壁画泥皮覆盖，只露出佛的一部分及一菩萨(图4)。佛结跏趺坐，背光为白底周围墨绘火焰纹，榜题"释迦文佛"。佛东侧的菩萨，高髻圆脸，长发披肩，着通肩大衣，结跏趺坐于覆莲座上，双手置于腹前作禅定印；形象古拙，画意粗犷奔放，颇接近河西地区酒泉、嘉峪关一带出土的魏晋墓壁画的绘画特点。这些迹象都表明了现编第6号龛内建弘元年的造像和壁画，并不是炳灵寺石窟中最早的作品。所以不能将建弘元年(公元420年)，视为就是炳灵寺石窟的开创年代。

建弘期间，西秦国力强盛，在统治者乞伏炽磐的大力提倡与扶植下，佛教在西秦境内得到发展，随之兴窟造像也达到了高潮。第169窟内，这一时期不仅造像与壁画的数量较多，而且形式与题材有所发展。此时比较有代表性的佛龛有现编号第6、7、11、16、17等。

第6龛位于窟内北壁(图5)，是一个平面半圆形的三瓣莲式的背屏龛。龛高1.70、深0.76、宽1.50米。龛内塑一佛二菩萨像。佛像，磨光高肉髻，额广而圆、双眉细而弯、两眼大而长、鼻高唇薄、方颐，肩宽体健，僧祇支上彩绘六边形花纹，外着半披肩袈裟，于覆莲台上结跏趺坐。衣纹接近阴刻，流畅自然。神情庄重。北侧菩萨高发髻，面形与佛像基本相同，长发披肩，铃形耳饰，上身袒露，戴项圈、臂钏和手环，下着大裙，披巾自肩上而下穿肘长垂，右手握巾带于胸前，左手垂下亦握巾带，立于半圆形覆莲台上。南侧菩萨与北侧菩萨基本相同，上身斜披挂络、左手握巾带于胸前，保存较好。佛、菩萨面部、胸部及四肢部分，原敷以白色，眉、眼、耳以墨线勾勒，衣裙彩绘。

佛与菩萨背、项光也施彩绘。佛的圆形背、项光外围均绘火焰纹。背光内绘伎乐，左、右各五身，均高髻、袒上身、下着裙，双足裸露，分别持箜篌，击腰鼓，弹阮咸，奏排箫，姿态各异。在佛像左上方墨书榜题"无量寿佛"，南侧菩萨右上方墨书榜题"观世音菩萨"，北侧菩萨右上方墨书榜题"得大势志菩萨"。

龛内北壁大势至菩萨上方彩绘十方佛，上、下分两排，均高肉髻、圆脸、着通肩大衣、禅定印、结跏趺坐。佛的面部涂白色，眉、眼、鼻、嘴均以墨线勾勒。白地墨书榜题一一标明佛名。按顺序，上排为"东□明智佛"、"北方行智佛"、"西方习智佛"、"南方智火佛"、"东□□□"；下排写"上方伏怨智佛"、"下方梵智佛"、"西北方自在智佛"、"西南方上智佛"、"□□□□□□"。大势至菩萨北侧又彩绘一身高髻长发、上身袒露、下着大裙的菩萨，墨书榜题"弥勒菩萨"。十方佛东侧彩绘一大型立佛，着通肩大衣，墨书榜题"释迦牟尼佛"。其北上方又绘一双手持钵的坐佛，墨书榜题"药王佛"。药王佛下方有一彩绘比丘，墨书榜题"沙弥僧集之像"。药王佛与比丘画像的东侧崖壁上，有一方宽0.87，高0.47米的大型题榜，白地，墨书造像功德记⑧，末尾书"建弘元年岁在玄枵三月廿四日造"。题榜下方彩绘供养人两排(图6)，均侧身面向佛像虔诚而立，上排第一人粗眉大眼，身着袈裟，身旁墨书榜题"□国大禅

图3　第169窟南壁西秦五佛造像及立佛龛

图4　第169窟北壁西秦壁画

图5　第169窟建弘元年造像龛和北壁后部诸龛

⑧　见本卷《炳灵寺石窟内容总录》。

171

图6 第169窟北壁建弘元年题记及下方壁画供养人

图7 第169窟北壁西秦壁画一佛二菩萨

图8 第169窟北壁西秦壁画维摩诘及侍者

师昙摩毗之像"，第二人墨书榜题"比丘道融之像"，第三、四人题榜已看不清。第二排第一人身旁墨书已无，第二人至第六人分别墨书榜题为"比丘慧普之像"、"博士安□□□之像"、"侍军□宁□□之像"、"皇黍深伯熙之像"、"□生金戍□□之像"。在壁画"弥勒菩萨"和"释迦牟尼佛"之下，也彩绘供养人一排，均着宽博大衣，其中女供养人高髻，白脸，着石绿色上衣，墨书榜题"清信女妾王之像"，另一供养人墨书榜题"乞伏罢集之像"。由龛侧墨书造像记得知，该龛建于西秦建弘元年（公元420年）。

北壁第7号龛的下方是第11号壁面，高2.00、宽1.00米，绘制壁画，自上而下：

第一组，彩绘二立佛及供养人。二立佛高髻圆脸，着朱色绿缘通肩大衣，立于莲台上。供养人着斜领宽袖上衣，长裙曳地。

第二组，中画一佛二菩萨（图7）。佛高髻，面敷白粉，墨线勾出五官，着蓝缘深棕色通肩大衣，禅定印，结跏趺坐于圆莲座上。莲座下画水涡纹。佛顶部画伞盖。佛两侧各画一菩萨。菩萨均高髻，长发披肩，面形丰圆，面部及肢体裸露部分施肉色，身躯健硕，着石绿色右袒袈裟，立于圆莲台上，双手持花枝向佛。西侧菩萨项光旁墨书"华严菩萨"。西侧菩萨身后有一高髻长发披肩的飞天，其下画一弟子及二女供养人。

第三组，又可分为左、中、右三部分。

一佛居中，高髻，圆脸，肩宽体健，内着僧祇支，外着半披肩袈裟，结跏趺坐于圆形白色莲座上，作说法状。莲座下画水涡纹。佛之顶部彩绘华盖，墨书榜题"无量寿佛"四字。

右侧画一佛二菩萨。佛高髻，圆脸，着深棕色通肩大衣，半跏趺坐于一束腰方台上。二菩萨高髻长发，一着石青色右袒袈裟，另一斜披黄色络腋。佛顶绘华盖，华盖后为繁茂的宝树。

左侧勾成一宽0.36、高0.26米的长方框形帐屋，上有帐幔，帐内画一高髻圆脸，长发披肩，斜披络腋，下盖被，斜卧于榻上的菩萨。上有伞盖，身前有一侍者，亦作菩萨装（图8）。二像之间白地墨书榜题"维摩诘之像/侍者之像"。

其下又有彩绘二佛，均着半披肩袈裟。共于火焰纹龛形内善跏趺坐圆形莲台上，作对坐说法之状。二佛顶部各绘华盖。二佛之间白地墨书榜题"释迦牟尼佛/多宝佛"。

此外，尚有壁画数组，残失较甚。

此时佛龛大部分为背屏式龛。龛内更多地塑造了一佛二菩萨和三佛等题材，如无量寿佛龛等。同时，壁画的内容也趋于丰富，背、项光图案较为复杂，又有了简单的佛说法图、十方佛、千佛、飞天、伎乐、供养人以至多宝塔和维摩变等。这些题材，是研究我国早期佛教信仰和佛教艺术十分珍贵的资料。

建弘以后的龛像，可以现编第3号龛为例。该龛位于窟内北壁东侧高处，为一个平面近似半圆形的背屏式龛，龛内塑一佛二菩萨。佛像磨光高肉髻，着通肩大衣，结跏趺坐。佛顶彩绘华盖，华盖两侧各绘一飞天。背、项光上绘坐佛和伎乐。西侧菩萨，袒上身，着裙，胸前挂短璎珞，左手举麈尾。东侧菩萨高髻，圆脸，有须，着高领短袖铠甲，下着裙，左手持剑，右手举金刚杵。胸甲上彩绘鱼鳞纹，披风搭肩。龛内南侧有"大代延昌四年鄯善镇铠曹椽智南郡书千陈雷子等□窟□□"及"天水郡人康伏涣供养天宝十二载"等北魏及唐代人礼佛供养时的墨书题记。

此龛在窟内修建较晚。大概在修凿此龛时，洞内比较有利的位置已尽被占用，只好修在高处比较险要的位置。

第169窟内还有一些西秦以后的作品，例如现编第5号和第8号两龛，佛像面相清秀，长颈窄肩，着通肩大衣，比较明显地接近北魏晚期的特点。说明自西秦以后，由于当时政治和社会方面的原因，这里开窟造像之举，曾经冷落了一个时期，至北魏中期以后，又有继续。

西秦从立国到灭亡，总共才47年，现存于第169窟的西秦造像与壁画，大同小异，并没有很显著的变化。综观起来，其造像的基本特点是：佛顶多作磨光高髻，颐方，额平，眉弯，眼大，眼角较长，鼻高且直，嘴小唇薄，双耳下垂，颈部扁平、较短且上宽下窄，形体高大挺拔，多着通肩大衣或半披肩袈裟。这样的佛造像，是在中国民族传统艺术的基础上，揉合了印度及西域地区的佛造像风格而形成的，因此多少保留了一些犍陀罗和秣菟罗式造像特点的痕迹。菩萨多作高髻，圆脸，长发披肩，上身袒，戴项圈、臂钏、手环或胸前挂璎珞，下着裙，供养人有汉装，也有胡服。汉装宽袍大袖，衣带飘举，长裙曳地，有潇洒俊逸之感。

壁画的制作，是在崖壁上涂一层薄泥，上面先施白色或土红色为地，然后作画。作画先用朱色勾出轮廓，然后施彩，最后再以流畅奔放的墨线勾勒完成。施色多以石青、石绿、赭石、褐、黄、白及浅红、深棕等，清新明快、庄重雅致。

第169窟内的造像与壁画，与敦煌莫高窟、肃南文殊山和金塔寺、武威天梯山、陇南麦积山等处石窟造像、壁画以及酒泉、嘉峪关的魏晋十六国时期墓室壁画有着密切的关系和显著的共性，同时也有着自己的地域性的特点。第169窟内佛的服饰，采用了我国传统的阴刻线形式，简洁而明快。壁画则更多地使用了传统的线描画法，受西域式凹凸画法的影响较少。不论造像或壁画，都具有北方民族敦厚朴实的特征。第169窟内的西秦壁画，虽不及敦煌莫高窟第268、272、275等十六国时期诸窟内的壁画那样丰富，表现形式比较简单，但也同样显示出当时我国民间匠师的绘画水平。如前述，维摩诘及侍者之像，就是一幅很有代表性的作品，构图简洁，主题突出。这尊菩萨装半卧的维摩诘虽与后来各地石窟中所绘的那种神情昂然坐于榻上的形象有很大差别，却同样能使人联想起记载所述顾恺之在瓦棺寺内绘制的杰作[9]。据现有资料，这是我国现存最早的一幅维摩变壁画。其余几幅佛说法图，也都立意清晰，结构比较紧凑，它们是佛教经变画的早期形式。

我国北方的一些著名石窟，如莫高窟、麦积山、云冈等都与禅僧们的活动有着非常密切的关系。炳灵寺石窟也并不例外，大禅师昙无毗自西域来此"训以禅道"[10]。其他到过这里的高僧玄高、玄绍及昙弘等，也都精于禅法。

佛教把禅定看作是宗教修养的六个重要途径之一。禅定就是安静地沉思。修禅必须有一个安静的环境，"出定之时，应于静处，若在冢间，若在树下"[11]。"山岩空谷间，坐禅而念定，风寒诸勤苦，悉能忍受之"[12]。这里已清楚地说明，僧人习禅，不仅要求环境十分幽静，而且也要求僧人们能吃一切风寒辛勤之苦。炳灵寺石窟位于离当时西秦都城枹罕不远的小积石山中，前临黄河，环境清幽，适合禅修。僧人习禅，必须观像。据佛经称，观像能令人如见真佛，"若行人有善心已来，未念佛三昧者，教令一心观像，"[13]"人之自信无过于眼，当观好像便如真佛"[14]。修禅观佛，常在石窟中进行[15]。《水经注》里所谓那些栖托于唐述

⑨ 《历代名画记》卷五《叙历代能画人名》。

⑩ 同⑤。

⑪ 后秦·鸠摩罗什译《禅秘要法经》卷中（《大正藏》卷15，p. 252）。

⑫ 北魏·吉迦夜与昙曜共译《付法藏因缘传》卷二（《大正藏》卷50，p. 304）。

⑬ 刘宋·昙摩蜜多译《五门禅经要用法》（《大正藏》卷15，p. 325）。

⑭ 鸠摩罗什译《思惟略要法·观佛三昧法》（《大正藏》卷15，p. 299）。

⑮ 刘慧达《北魏石窟与禅》，《考古学报》一九七八年第三期。

窟的"怀道宗玄之士，皮冠净发之徒"，指的大概就是当时的禅僧。僧人们所观佛像，据佛经记载，主要有释迦牟尼佛，无量寿佛，药师佛，释迦·多宝佛，十方佛，千佛及弥勒菩萨等；这些题材，在第169窟内已都有所反映。

释迦牟尼是佛教的创始者，自然得到佛教徒的广泛崇敬与信仰。《佛说观佛三昧海经》曰："佛告阿难，佛灭度后，现前无佛，当观佛像"，"乐逆观者，从像足指次弟仰观"，"顺观像者，从顶上诸蠡文间……次观佛面，观佛面已，具足观身，渐下至足，如是往返凡十四遍。谛观一像极令了了。观一成已，出定入定恒见立像在行者前。见一了了复想二像，见二像已次想三像，乃至想十皆令了了……"，"此念想成，名观立像"。又曰："尔时世尊复为来世诸众生故，更说观像坐法。观像坐者，至心系念，令前立像足下生华，此华生时当起想念"，"作此想时，有宝莲华千叶具足应想而现，即见华已，请诸想像令坐宝华"[16]。《禅秘要法经》亦曰："唯见一像，独坐华台，结跏趺坐。谛观此像，三十二相，八十种好，皆使明了。见此像已，名现像法。"[17]可见，佛教典籍正是要求人们通过这样细致入微、不断反复的观像，进而入定思惟，逐步加深对佛的认识，提高对佛教的信仰。

无量寿佛(阿弥陀佛)，据佛经所说，是西方极乐世界的佛主。"西方极乐世界"被描述成一片理想的净土，因而受到一切佛徒的景仰。第169窟内第6号龛造像，反映了当时修造佛像的功德主们，愿往生西方净土的幻想。

释迦·多宝二佛并坐说法，在石窟中，是比较普遍的题材。《思惟略要法》曰："三七日一心精进，如说修行，正忆念法华经者，当念释迦牟尼佛于耆阇崛山与多宝佛在七宝塔共坐"[18]。这一题材，一般认为在北魏时期比较流行，应与《法华经》和"法华三昧观"在当时的流行有关[19]。第169窟内第11号壁面下方西秦的彩绘释迦、多宝二佛并坐说法图，是目前我国最早有关多宝塔的壁画。

弥勒，在我国早期石窟造像和壁画中是最为多见的题材之一。根据佛经教义，弥勒当继承释迦牟尼佛成道而为未来佛。佛经里宣扬弥勒下世后，风调雨顺、五谷丰登，人们安居乐业。《佛说观弥勒菩萨上生兜率天经》曰："佛灭度后，四部弟子、天龙鬼神若有欲生兜率陀天者，当作是观，系念思惟，念兜率天持佛禁戒，一日至七日，思念十善，行十善道，以此功德回向愿生弥勒前者，当作是观"[20]。《禅秘要法经》曰："佛告阿难，若有四众修系念法……当知此人世世所生，不离见佛，于未来世值遇弥勒。龙华初会，必先闻法，得证解脱"[21]，对这样一个作为理想被佛经大加赞扬和推崇的"未来佛"，当时信奉者甚多。特别在十六国时期，由于战事连绵，人们渴望安居乐业，所以宣传弥勒佛下世能为世人解脱痛苦，自然深得人们的信奉。

此外，像十方佛、千佛等题材，也都是佛门所谓观释迦牟尼诸佛时，伴随而来的众佛，这些形象大多集中在一个佛龛内或一块壁面上，能使观像者在观佛修禅的过程中，引起广泛的念想。

禅僧们观佛修禅的目的，无非为了成"佛"，诚如《法苑珠林》所云："……由此观像，今得成佛。若有人能学如此观，未来必当成无上道"[22]。第169窟内修龛造像的盛期是西秦乞伏炽磐时期，著名的中土和西域高僧玄高，昙无毗等人，也都正值此时先后来唐述窟，他们在这里习禅布道，也必然会促进这里禅法的流行。

⑯ 东晋·佛陀跋陀罗译《佛说观佛三昧海经》卷九《观像品》(《大正藏》卷15，p. 690～691)。

⑰ 《禅秘要法经》卷中(《大正藏》卷15，p. 256)。

⑱ 《思惟略要法·法华三昧观法》(《大正藏》卷15，p. 300)。

⑲ 同⑮。

⑳ 刘宋·沮渠京声译《佛说观弥勒菩萨上生兜率天经》(《大正藏》卷14，p. 420)。

㉑ 《禅秘要法经》卷下(《大正藏》卷15，p. 268)。

㉒ 《法苑珠林》卷十三《敬佛篇》(《大正藏》卷53，p. 383)。

三

公元431年正月，西秦被大夏赫连定所灭。旋即大夏又灭于吐谷浑。公元445年，枹罕全境始归北魏管辖。公元446年，北魏太武帝下令灭佛法。直至公元452年，北魏文成帝复法，佛教重又大盛[23]。这一阶段，在炳灵寺石窟内，几乎没有开龛造像，显然是由于战乱和灭法的影响。孝文帝时，北魏朝廷奖励译经、求法和研究佛学，奉佛之举空前高涨，当时北方各地兴窟造像蔚然成风。炳灵寺石窟在孝文、宣武以来修造的窟龛，现存41个。

属于北魏中期约在孝文帝(公元471～499年)至宣武帝景明年间(公元500～503年)前后的窟龛，可以第172窟北壁佛龛，第169窟第5号、第8号两龛及第184窟为代表。

第172窟北壁外侧崖面上，凿一大型浅龛，龛内石胎泥塑一佛二菩萨像(图9)。佛作磨光高肉髻，面型结实圆润，大眼，细眉，两肩较宽，体魄雄健，着通肩大衣，结跏趺坐，衣裾于佛座前自然垂下，衣纹为阴刻线。二菩萨发髻高耸，颈部细长，虽经后代重修，仍保持着原作的一些特色。第169窟内第5号和第8号两龛均位于窟内北壁西侧，两龛均作圆拱形背屏式，各塑二佛，作水波纹高肉髻，面型清秀，颈部较长，着通肩大衣。第184窟平面为横长方形，窟内凿中心柱，原造像已无存，中心柱正面现有清代塑太上老君像等，故一向俗称此窟为"老君洞"。1983年，于东壁和北壁清洗出北魏壁画二方，内容为释迦·多宝说法、七佛及菩萨等。佛着通肩大衣或半披肩袈裟，菩萨上身袒露，披巾于腹前交叉，形体清秀，已初具"秀骨清像"的特点。造像和壁画出现这些新特点，符合于当时社会习尚发展演变的情况。

在北魏晚期，特别在延昌年间(公元512～515年)，炳灵寺石窟曾有规模较大的开窟活动。比较有代表性的有第125、126、128、132、144、145、146等窟龛。第126窟为一个平面近乎正方形的穹窿顶、低坛大窟，窟门作圆拱形，窟内正壁雕主尊释迦·多宝二佛并坐像，两侧雕二胁侍菩萨。北壁正中雕交脚菩萨，两侧雕二胁侍菩萨。南壁正中雕一坐佛，两侧雕二胁侍菩萨。正壁释迦，多宝二佛之间上方悬雕一思惟菩萨及一供养弟子。窟内四壁上方开浅龛或雕千佛，并有明代重绘喇嘛教壁画等。东壁门上雕七佛。窟门外上方，第97、98龛之间阴刻北魏延昌二年(公元513年)，曹子元造窟铭文一方[24]。第128、132窟规模及内容都与第126窟大同小异，三窟相邻并排开凿一个崖面上，说明当时开凿三窟是经过统一规划和布局的。

综观炳灵寺北魏窟龛造像，约有下列一些特点：

窟龛形制　平面近方形，低坛基，略作穹窿顶的大窟(第126、128、132窟)；平面近方形，低坛基，覆斗顶的大窟(第144窟)；平面方形，覆斗顶，窟内正、侧三壁各开一圆券形浅龛的大窟(第146窟)；平面长方形、内有中心柱的大窟(第184窟)以及摩崖圆券形龛(第2、124、125窟等)。由窟外崖壁上的桩眼痕迹，可知上述第126、128、132、144、145、146诸窟原有木构建筑。北魏时期佛窟，已不只是利用现成洞穴造像，改变了西秦时期那种原始简单的形式。窟龛形制已开始具备了宏伟建筑的特点。同时，北魏石窟也许更多地考虑到信徒们礼佛的方便，因此窟内空间一般比较宽敞。

图9　第172窟北壁北魏坐佛、菩萨造像

[23] 见本卷《永靖炳灵寺大事年表》。

[24] 见本卷《炳灵寺石窟内容总录》。

图10 第128窟西壁

图11 第125龛

图12 第132窟东壁北魏佛涅槃龛
内弟子

图13 第126窟北壁北魏菩萨造像

㉕ 西晋·竺法护译《正法华经》卷
一《善权品》(《大正藏》卷9，p.
71)。

㉖《历代名画记》卷六《叙历代能
画人名》。

造像题材　大窟以释迦、多宝二佛为主尊(图10)，南、北两壁各配以一佛二菩萨或配以一佛二菩萨及一弥勒菩萨二胁侍菩萨(第126、128、132窟)；三龛大窟雕三佛，各配以二胁侍(第146窟)；此外诸如七佛(第126窟)，释迦涅槃(第16、132窟)，思惟菩萨(第126、128窟)，文殊与维摩诘(第126窟)，千佛(第126、128窟)，一佛二菩萨(第172窟、第124龛等)，释迦、多宝二佛及二菩萨(第125、2窟)等(图11)。把释迦、多宝二佛作为主尊来供养，说明当时《法华经》在这一带十分流行。《法华经》宣扬一切众生皆能成佛，"兴立佛庙……造作塔寺……若以墼泥，立作形像……材木刻镂，彩画众饰，……斯等皆当，成得佛道"㉕。曹子元造窟题记中"超生西方，妙乐回生"的语句，也反映了当时人们希冀"净土"的思想。"涅槃"意为"入灭"、"圆寂"。它是佛教所谓通过修行而达到的最高境界。佛经宣称，凡信仰佛教者，只要经过长期的"修造"，就能消除一切苦恼和具备一切"清净功德"。炳灵寺石窟中佛涅槃像的出现，也是当时人们厌倦现世和精神空虚的一种消沉情绪的反映(图12)。

造像特点　佛与菩萨均面型瘦长、双眉弯而细，两眼低垂，眼角细长，鼻直，嘴小，嘴角微上翘。佛多着褒衣博带式袈裟，菩萨披巾交叉或穿环交叉于腹际。造像清癯冷漠、正是画史里所说的"秀骨清像，似觉生动，令人懔懔，若对神明"㉖的形象(图13)。这种近似病态的瘦削和超脱世俗的潇洒气质，是魏晋以来封建统治阶层所追求的精神风貌和审美标准。由此表明，北魏统治者们极力提倡和崇尚南朝文化，给中国石窟艺术的发展带来了深刻的影响，它明显加速了石窟艺术民族化的进程。

四

北周在我国历史上是一个仅仅维持了二十四年的封建王朝，在这期间，尽管有周武帝的灭佛之举，但并未能损伤佛教的根基。在当时统治阶级的上层，信佛奉佛者始终不在少数。但在北周统治范围内的北方各地的石窟寺内，仍有开窟造像的活动。炳灵寺石窟在这一时期，窟龛数目虽明显减少，但仍有重要的遗迹。

现编号第6、134窟以及172窟木阁内的造像和北壁的五佛立像等，都是北周时期修造的。第6窟平面作长方形，平顶，窟内正壁雕一佛，结跏趺坐，双手于腹前作禅定印；南、北两壁各雕一菩萨侍立。四壁并

176

然有序地彩绘千佛像，竖行之间画树以作间隔，有如诸佛在广阔茂密的树林中安静地修行。南、北二壁下部彩绘佛本生故事。在现存于南壁的画面上，可见山水树石之间，众猴窜跃，虽大部已残，仍可推测其内容为猴王本生故事。北周窟龛虽少，但窟内的造像、壁画却均有自己的特色。佛作低平肉髻，面型圆润，基本上摆脱了北魏晚期以来清癯瘦削的面貌，形体也较硕壮，着通肩大衣。菩萨发髻也较低，戴花蔓冠，袒上身，下着裙，裙口张开似喇叭形，披巾于腹前交叉或横于胸、腹之际两道。这种形象，与麦积山石窟北周时期的造像基本相似。

图14 第8窟西、北壁隋代佛弟子和唐代补塑菩萨（此窟造像位置曾被扰乱，图中唐代补塑菩萨现已移回南壁）

五

公元581年，隋文帝杨坚建立了隋朝，结束了自公元317年以来长达二百六十多年之久黄河流域的混战局面，统一了全国。隋代统治者极力推崇佛教，修窟造像之风兴盛一时。然而，炳灵寺石窟此时所修窟龛却不多，现存窟龛可以现编第8和82窟为代表。

第8窟位于窟群南段，是一个平面近方形的平顶小窟，窟内凿成低坛基。坛基上泥塑一佛二弟子二菩萨（南侧菩萨为唐代补塑，见图14）。窟内正壁及南、北二壁佛、菩萨背项光之间彩绘众弟子及众菩萨，下方彩绘男女供养人。窟顶正中彩绘莲花，周围画飞天。造像特点与北周时期接近，但塑造手法和服饰衣纹的处理更趋于熟练和富有变化，形式也较多样，显示了隋代工匠们的卓越才能。第8窟南、北二壁上部壁画众菩萨和众弟子赴会听法图，菩萨有坐有立，形式不拘一格，打破了一般佛画中传统的对称形式，显得生动活泼而富有生活情趣。南、北二壁下方彩绘的供养人像，男着圆领窄袖衫，下着长靴，腰间束一宽带，女着圆领窄袖衫，下着长裙，披有披巾，全系隋代贵族男女的打扮。窟的规模并不大，但塑像与壁画统一和谐，彩绘施用大量石青、石绿，给人庄严肃穆之感，不愧为隋代佳作。

六

唐代是中国封建社会的一个伟大时代。唐代前期的统治者们在进一步统一全国的基础上，采取了一些缓和社会矛盾的措施，使人民获得了休养生息的机会，经济得到了很大发展。由于国家的统一，经济的繁荣和中外经济、文化的进一步交流，使唐代文化艺术的成就达到了前所未有的高度。当时，由于统治阶级的提倡，佛教也得到了空前的发展。唐太宗李世民就曾下诏于全国"交兵之处，为殒身戎阵者立寺刹焉。"[27] 武则天时，也曾谕令"释教宜在道法之上，缁服处黄冠之前"[28]。这里所谓的缁服与黄冠，指的就是和尚和道士。唐代帝王中，尤以武则天极力推崇佛教。由此，唐代兴窟造像也空前高涨。全国各地现存的石窟，如敦煌莫高窟、安西榆林窟、庆阳北石窟、洛阳龙门石窟、太原天龙山石窟（多已被破坏），甚至四川的一些石窟，都有着相当数量的唐代窟龛及造像。而在炳灵寺石窟中，仅唐代窟龛就多达一百三十多个，占下寺现存窟龛的三分之二以上。其中唐高宗、武则天时期开凿窟龛最多。据窟龛形制、造像内容和特点以及有关的造像题记等，可将唐代窟龛大体分为三个阶段。

第一阶段，约自高宗仪凤（公元676～679年）到玄宗开元（公元713

㉗ 《唐大诏令集》卷一百十三《为殒身戎阵者立寺刹诏》，贞观三年（公元629年）。

㉘ 《唐大诏令集》卷一百十三《释教在道法之上制》，天授二年（公元691年）。

图15　第64龛唐代立佛、菩萨造像

图16　第158龛唐代立佛造像

㉙　见本卷《炳灵寺石窟内容总录》。

年)以前。这一时期，比较有代表性的窟龛如第3、4、28、29、30、34、38、45、52、53、54、61、64、91、92、93、147、168及171（大佛）等（图15）。

窟龛形制　平面作方形，低坛基，平顶大窟（第4、147、168等窟）；平面半圆形，低坛基，平顶深龛（第24、27、29、33、57、59等龛）；平面近梯形，低坛基，平顶深龛（第28龛）；长方形摩崖浅龛（第30、31、32、40等龛）；方形摩崖浅龛（第34、36、37、38、44、45、53、54、64龛）；摩崖长方形圆券顶浅龛（第35、51、52龛）；平面近马蹄形，平顶，低坛基小窟（第91、92、93等窟）；平面方形，平顶，低坛基窟，窟内正中雕一方形的石塔（第3窟）等等。

造像题材　一佛二弟子二菩萨（第24、27、29、31、59等龛窟）；一佛二弟子二菩萨二天王（第4、28、61、168、147等龛窟）；三菩萨（第30龛）；一佛二菩萨（第34、42、53、54等龛窟）；一菩萨（第35、41、43、51、52等龛）；一佛二菩萨二天王（第64、60等龛）；一佛四供养菩萨（第69龛）；摩崖大佛（第171龛）等等。

第二阶段，唐玄宗开元天宝年间（公元713~755年），这一时期，比较有代表性的如第136、138、137、139、149、150、153、154、155、159等窟龛。

窟龛形制　平面作方形，平顶小窟（第136、138窟）；平面半圆形，平顶深龛（第137、139、149、150、159龛）；平面作马蹄形，低坛基，平顶窟（第148、151窟）等。

造像题材　一佛二弟子二菩萨（第136、133、142、153、155龛窟）；一佛二菩萨（第140、161、162龛窟）；一佛二菩萨二天王（第148、150、151、159、167龛窟）等。

第三阶段，唐肃宗至唐末（公元756年~907年），这一时期比较有代表性的窟龛有第9、10、11、12、25、26等。

窟龛形制　平面作半圆形，低坛基，平顶窟（第9窟）；平面近似圆形，低坛基，平顶窟（第10、11窟）；方形摩崖尖拱顶浅龛（第12窟）；长方形摩崖浅龛（第13、14窟）；长方形摩崖圆券顶龛（第25、26、48龛）。

造像题材　一佛二弟子二菩萨二天王（第10、11窟）；一弟子二菩萨（第12龛）；一佛（第13、14、25、26、48龛）等。

炳灵寺的唐代所有窟龛造像，虽然有着共同的时代特性，但在不断发展变化的二、三百年漫长岁月中，各个阶段之间也呈现出比较明显的差异。如第91、92窟内的造像，无论佛与菩萨，面形都较为清秀，肌肉的裸露部分不十分丰满，神情庄严，菩萨的身躯较挺直，接近于洛阳龙门石窟初唐造像。这种造像，多少还带一些北周和隋代造像的遗风。

唐高宗仪凤、永隆期间（公元676~681年），是炳灵寺石窟开龛造像的最盛期，此时的窟龛，除少数几个规模较大而外，绝大部分都为摩崖小龛。第49—58诸龛，紧密相邻，排列在一起，由于刻有纪年造像题记，可知是唐高宗永隆二年（公元681年）分别由骆红爽、张积善、崔纯礼、王玄□等出资修造的。四个纪年造像龛，第51、52龛为长方形摩崖浅龛，内雕一立菩萨。第53、54龛系方形摩崖浅龛，内雕一佛二菩萨。佛结跏趺坐，二菩萨侍立。据造像铭文记载，长方形浅龛内立菩萨是观世音菩萨，方形浅龛内坐佛为阿弥陀佛㉙。经过了魏晋南北朝和隋代不断民族化和世俗化的发展演变过程，唐代佛教艺术进一步从社会生活中吸取丰富多彩的素材，呈现出一种崭新的面貌。高宗、武则天时期的石窟造像，无论佛、菩萨或弟子，均面容丰满，形体丰腴、健美。佛多着双领下垂或敷搭双肩式的袈裟，手中多持钵。坐佛大多结跏趺坐于束腰方座或半圆座上。菩萨多作云髻，上身袒露，戴项圈、臂钏，下着贴腿的大裙，裙纹作典型的"出水式"，身材都比较窈窕而修长，腰部扭曲倾斜，已开始具有盛唐时期菩萨造像所特有的曲线美。弟子身着袈裟，下摆比较紧窄。天王多作高髻，上身着覆膊护胸甲，下着战裙，足穿靴，足下多踏恶鬼，举山、持剑、托塔、扠腰，表现了英武的气魄。这一时期的造像多小巧玲珑、生动活泼，既概括简练，又形式多样，雕刻技法纯熟、洗练。一尊尊肌肤丰腴，精神饱满，富有生命力的佛教造型，使人百看不厌，可谓炳灵寺石窟唐代造像中的上乘（图15）。

第二阶段的窟龛，大多开凿于唐玄宗开元年间（公元713～741年）前后，这一时期的造像，佛、菩萨的服饰与前段相比变化不大，但形体上却有着明显不同，主要表现在造像形体较短，头部较小，面形短而圆（图16）。菩萨的躯体，腰部的曲线减少，而接近挺身直立，神情也显得拘谨、缺乏活力。

到了中晚唐，造像面部的丰满接近肥硕，给人以臃肿之感，艺术水平更不如前。

根据第147、148龛外崖壁上开元十九年（公元731年）《灵岩寺记》碑文，可知当时以唐和番使御史大夫上柱国魏县开国侯崔琳为首的和番使团，在赴吐蕃途中，曾在此停留并礼佛。

炳灵寺石窟中的唐代造像题材，以阿弥陀佛和观世音菩萨及药师佛等居多。反映出净土思想在当时非常流行。其主要依据的是《无量寿经》、《观无量寿佛经》及《阿弥陀经》。净土思想认为，只要在现世信仰阿弥陀佛的"法力"，不停地念诵"南无阿弥陀佛"，死后灵魂就可得到阿弥陀佛的"接引"而进入西方"净土"。这实际上是佛教最容易得道的一个法门。佛经描述那个世界，"无有一切身心忧苦，唯有无量清净喜乐"[30]。唐代的"净土宗"，以很大的优势吸引了社会阶层的各个方面。

炳灵寺石窟所有的唐代窟龛中，原来都有彩绘，因为大部分窟龛规模不十分大，彩绘内容比较简单，多强调装饰性，如佛、菩萨的背、项光，华盖，流云，树木、花朵等。除此而外，有的窟龛内还画化佛、菩萨、弟子、飞天及供养人等。这些装饰画，淳厚朴实，具有传统民间艺术的特色，但这些壁画，在后人重新妆绘时已多遭损毁。现存于炳灵寺石窟中的第10、11、61、62等窟龛中的唐代壁画，数量虽不多，但也为我们研究唐代绘画提供了重要资料。

另外，现编第171龛内的大佛，高达27米。龛前原有多层楼阁式木构建筑，后毁于兵火，大佛遂完全暴露在外。虽经历代重修，仍保持有唐代的特色。像这样高大的唐代造像，在我国现存各石窟寺中亦属少见。

第3窟中的石雕方塔，也很值得一提。这座石塔为方形，塔身与塔顶都具有中国民族建筑形式的特点。塔顶正中有印度佛塔中常见的覆钵形。这是把印度佛塔建筑中的某些特点，巧妙地融汇在中国民族建筑形式中的典型实例，大方自然而又新颖别致。

七

唐肃宗宝应二年（公元763年），陇右陷落，炳灵寺所在地今永靖、临夏一带，也沦于吐蕃手中。大中五年（公元851年），虽一度将河州一

图17　上寺外景

图18　洞沟石窟明代壁画

30　唐·玄奘译《称赞净土佛摄受经》（《大正藏》卷12，p. 348）。

图19 洞沟石窟明代壁画

图20 上寺大佛洞明代彩塑坐佛

图21 炳灵寺全景图（清代绢画，现藏炳灵寺文物保管所）

带收复，但由于当时吐蕃在河、湟地区势力强盛，继而又有西夏崛起，晚唐、五代和宋朝的中央政权始终未能稳定地控制这一地区。这里不时陷于战乱，以后又先后为金和蒙古所统治。

炳灵寺所在的小积石山大寺沟峡口，是一个军事要隘。《宋史》记曰："自炳灵寺渡河至青唐四百里，道险地远，缓急声援不相及，一也；羌若断桥塞隘，我虽有百万之师，仓卒不能进，二也；"[31] 又如宋元符二年、西夏永安二年（公元1099年）闰九月，西夏主赵乾顺使统军仁多保忠及达摩等三监军兵十万助西蕃围湟州，"先断炳灵寺桥，烧星章峡栈道，四面急攻……"[32] 。历代类似这样的记载，不同程度地反映了炳灵寺一带曾经发生的战况。由于社会的动乱，唐代以后直到元代以前，这里除个别游人题记和少量补塑修缮之外，实际上没有开窟之举。

元代以后，喇嘛教在西北地区盛行，炳灵寺也因地临蕃界，又逐渐成为藏、汉僧侣活动的中心之一。现存于炳灵寺石窟上寺、下寺和洞沟诸窟龛中的壁画，竟十有七、八是元、明之际重绘的（图17、18、19、20）。同时也出现了喇嘛教的造像。现存于第70窟中的一尊十一面观音立像，就是明代所作，塑造手法熟练，造型也颇准确。

清代同治年间，这里曾几次发生民族纠纷，一些窟龛造像也因此而横遭厄运。造像被毁、栈道被焚，不在少数。于是，炳灵寺石窟日趋冷落，竟至逐渐被世人所遗忘（图21）。

八

炳灵寺石窟保存着古代各族艺术匠师千多年来雕塑和绘画创作的杰出成果。古代匠师们从现实生活出发，赋予形象以特定的性格与感情。这种性格与感情的表现，则决定于当时人们的社会思想意识。

随着社会经济、政治、文化的发展变化，炳灵寺石窟西秦、北魏、北周、隋、唐各代的作品，分别呈现出不同的时代精神风貌。尽管曾经受到外来影响，但在佛与菩萨的形体和气质上，从一开始就具有中国北

[31] 元·脱脱等《宋史》卷四百九十二《吐蕃传》。

[32] 宋·李焘《续资治通鉴长编》卷五百十六。

180

方民族憨厚朴实的特色和浓郁的地方色彩。唐代造像的丰腴健美和充满朝气，则反映出在社会经济发展的同时，佛教艺术创作进一步密切与生活的联系，走上了更为广阔的道路。

新中国成立后，炳灵寺石窟重新被发现，引起了学术界的注意。在政府的关怀重视下，成立了专门的保管机构——炳灵寺文物保管所。国务院公布炳灵寺石窟为第一批全国重点文物保护单位。多年来，政府拨发了巨额款项，对石窟进行了大规模的加固和维修。

在过去千百年珠宝东来，丝绸西去的历史岁月里，炳灵寺石窟曾对于我国文化的发展和中外文化交流起过积极的作用。现在，炳灵寺石窟不仅是人们参观游览的胜地，也是考古、美术、宗教学者和专家们研究的对象。今后，它还将在我们学习民族遗产，创造更加灿烂的新文化的过程中，永远吐放光华。

炳灵寺的西秦石窟

张宝玺

魏晋南北朝时期，是中国佛教石窟艺术形成和发展的重要阶段。在保存至今的早期石窟寺中，有确切纪年的造像和壁画，就目前所知，首推甘肃省永靖县的炳灵寺第169窟西秦建弘元年（公元420年）纪年造像龛。这个洞窟位于悬崖高处，比较完整地保存了相当数量的西秦和北朝时期的造像和壁画。

在国内分裂加剧的情况下，公元317年司马睿建立了江南的东晋政权。在北方，前秦一度统一了大半个中国。公元383年淝水之战，前秦溃败，北方再度陷于分裂。西秦是始建国于公元385年的鲜卑族政权，它在前秦崩溃之际，同后秦、北凉同时崛起于西北。建立西秦的乞伏氏，其远祖自西晋初年由漠北迁至陇西而逐渐壮大起来，地盘扩展到今天的甘肃省南部，境内居住着汉、羌、氐各族人民。在战乱频仍的年代里，西秦曾先后在西、北面与后凉、南凉、北凉抗衡，在东南面与后秦和夏对峙，一度降于后秦，中间失国八年（公元402～408年）。乞伏炽磐在位时，是西秦国力最盛期，曾于公元414年灭南凉，其疆域"西逾浩亹（今青海省乐都县东），东极陇坻，北距河，南略吐谷浑"[1]。西秦乞伏氏的统治，前后共47年，历国仁、乾归、炽磐、暮末等四主，公元431年为夏所灭，其地旋为吐谷浑所据，后归于北魏。

西秦之初都于苑川（今甘肃省榆中县东北），尝筑勇士城居之；又徙于苑川、金城之间；公元412年迁都枹罕（今甘肃省临夏市）。枹罕、金城一带始终是西秦政权的腹心之地。

十六国时期，佛教广泛传播，西秦西面的姑臧和东邻的长安形成佛教传播的两大中心。尽管中国北方处于割据状态，但丝路畅通，在四世纪末到五世纪初的求法热潮中，东来西往的僧人多取道西秦。公元399年，著名僧人法显等西行求法，途中曾"度陇至乾归国夏坐"，[2]应在西秦有三个月之久的停留[3]。公元404年，僧人智猛等"发迹长安，渡河跨谷三十六所"[4]，应仍是取道西秦西行。公元420年，有僧人昙无竭等"发迹北土，远适西方，初至河南国，仍出海西郡"[5]。酒泉僧人释慧览自西域归，"路由河南"[6]，此时河南已为吐谷浑所据。至于不见记载而湮没无闻者当难以数计。西秦统治者崇信佛法，乞伏国仁曾聘请东晋名僧圣坚译经，见于著录的有十四部二十一卷，僧俗译经人共十一人[7]。中西僧人纷纷聚集于枹罕。以"禅道"著称的西域僧人昙摩毗尝来此弘扬禅法。北方著名禅僧玄高被奉为西秦国师。此外又如玄绍、慧览、僧印、道韶、智绍、昙弘、昙霍等人，或以"寂观见称"，或"备学诸禅"，或身怀"神术"，都曾游方于西秦。麦积山和唐述谷（炳灵寺）都是西秦境内的重要佛教胜地。《高僧传·玄高传》中提到的"林阳堂山"，玄高曾率弟子三百人授业于此，推想它和所谓的"堂述山"，应当都是《水经注》中所称的唐述山。

西秦窟龛情况

① 清·顾祖禹《读史方舆纪要》卷三。

② 《法显传》（《大正藏》卷51，p.857）。

③ 夏坐，又称坐夏，即夏安居。古印度佛教徒在五月至八月雨季三个月中静修不出，称安居期，故又称雨安居，通为九十日。对于安居日期的计算，《大唐西域记》卷二、卷八，以及《南海寄归内法传》卷二都有解释。在中国，安居期通常自阴历四月十六日起至七月十五日止。

④ 梁·释慧皎《高僧传》卷三《释智猛》（《大正藏》卷50，p.343）。

⑤ 唐·释圆照《贞元新定释教目录》卷八（《大正藏》卷55，p.827）。

⑥ 《高僧传》卷十一《释慧览》（《大正藏》卷50，p.399）。

⑦ 隋·费长房《历代三宝记》卷九（《大正藏》卷49，p.82～83），另见于《大唐内典录》、《开元释教录》、《贞元新定释教目录》、《法苑珠林》等处著录。

炳灵寺的西秦窟龛零散分布在大寺沟内由姊妹峰（老君峰）至佛爷台长约2公里的峡谷里，多是山崖高处的天然洞穴或摩崖龛，并巧妙地利用了秦陇地区常见的崖阁栈道。

规模最大、内容最丰富、保存最完整的是第169窟，又称天桥南洞。它位于大佛龛（第171龛）南侧的悬崖上，洞口距地面高达45米[8]，为一高15.00、宽26.75、深19.00米的不规则的天然洞穴。洞内有自然渗水三处，每年秋雨季节淙淙渗水从崖间泻下，洞底部已蚀成斜坡状，若不借助栈道，则难以容人立足。看来，在劈去山岗修造大佛之前，或许比现在容易攀登，但也是相当的高险。《水经注》引《秦州记》所述"河峡崖傍有二窟，一曰唐述窟，高四十丈；西二里有时亮窟，高百丈、广二十丈，深三十丈"，[9]从相对位置来看，第169窟最大、最高，故不无可能是"高百丈"的时亮窟。

窟内造像和壁画都是依岩势以及不同功德主的要求先后营造而成，并无统一格局，因而分布比较紊乱。全窟龛像和壁画共编为24号。龛形除了较早期的几个是就岩面凿成的浅龛之外，值得注意的是大多数佛龛都与天然洞穴的不规则岩面相适应；依崖凿枨孔，设枨桩，用木料及编织荆条作骨架，然后施泥涂垩而成背屏式的龛，于其中塑像，也有的则经在崖间置木板，其上建同类型的背屏式龛。这种龛形有着悬浮于崖际的感觉，更富有感染力，显然在当时受到广泛的采用。这种泥塑的龛，与石雕浅龛比较，题材内容趋于多样，显然是发展到一定阶段的产物。若以第6号龛的建弘题记为佐证，可认为它们大多建于西秦鼎盛时期的永康、建弘年间，而其中少数则可能晚到北魏。正壁上部的浅龛单身佛像形象古朴，其时代当在永康、建弘之前，甚至可能早于西秦，"晋初河州唐述谷寺"[10]之说似不无可能。

大佛龛上方在天桥栈道北端与第169窟相对的第172窟，又称天桥北洞，也是一个天然洞穴，高5.40、宽4.50、深10.50米。洞内正壁凹进，有自然渗水一处，其中置有木阁一座，阁内塑三身坐佛。北壁上部内侧为佛、菩萨一铺，下部造五立佛，都是北魏至北周的作品。唯北壁外侧一身小坐佛，近似第169窟西秦造像。从这两个窟的相互关系来分析，第172窟也应是一个早期洞窟，只因后来历代重修过而面目全非了。

第1龛位于寺沟窟群南1公里的姊妹峰下，是一天然的摩崖龛，内造一佛二菩萨（图1）。1967年，将立佛表面后代重修的泥层剥离，显露出4.6米高的原塑（图2），其风格与第169窟西秦造像相同。可惜的是，此龛位于大寺沟口较低处，今已被水淹没；造像虽然搬迁，终未能达到完善保存的目的。

在第1龛的南侧上方，高距地面70余米，是第184窟（老君洞）。这是一个人工开凿的横长方形洞窟，正壁凸出半个中心柱形，其正面原有4米高的一身早期立佛，已被后代改为老君像（图3）。1981～82年，对东、北两壁白色涂层试作部分清理，发现了涂层覆盖之下的北魏壁画，但似乎仍然属于重绘，原建窟时间很可能是在西秦。

第184窟上方更高处，还有早年崩圮的残洞，也有可能是早期窟。看来姊妹峰下也是早期窟龛比较集中的区域。

由寺沟窟群沿峡谷往北1公里，山崖高处有一天然洞穴，称为佛爷台，洞口上方现存壁画两铺，南侧一铺画一佛二菩萨，造型类似第169窟西秦壁画。

[8] 原寺院基址地面至该窟千佛壁下的地面。

[9] 北魏·郦道元《水经注》卷二《河水》。

[10] 唐·释道世《法苑珠林》卷三十九《伽蓝篇》（《大正藏》卷53，p.595）。

图1　清理以前的第1龛

图2　第1龛剥出的西秦立佛

图3　第184窟（老君洞）外观

第169窟中的西秦题记

第169窟的题记，其中西秦纪年清晰可辨的唯有第6号龛龛侧的建弘元年题记。

这方题记高0.47、宽0.87米，凡24行，行间有界栏。前10行几全部漫漶，后14行虽也剥蚀严重，但部分字迹尚能辨识。题记尾书"建弘元年岁在玄枵三月廿四日造"。代替干支使用了十六国时期译经中常用的岁星纪年"玄枵"，有的学者据此推算此玄枵年相当于甲子年，即建弘五年（公元424年）。经多方审视，题记所书建弘元年的"元"字清晰无误，为什么玄枵年不符，需另找原因。题记墨书用笔苍劲，隶意甚浓，从文义上和书法上都表现出较高的文化水平，同时也可看出撰写人有颇深的佛学修养。这显然是一篇造龛发愿文。通常写在前面数行中的功德主姓名及造龛因由已无从识读，全文仅残存后部的颂词。但是，题记下面所画的供养人昙摩毗、道融、慧普及后面跟随的博士、侍生等，毕竟提供了一些有关的信息。第6号龛是经过重修的。该龛木架曾被烧灼过，烧灼的痕迹可从龛内左侧菩萨塑像身上的鼠洞中窥见，可见现存的龛像是在被焚之后重修的。因此，这方题记不仅不是第169窟内最初建造的题记，而且可能不过是重修第6号龛的题记。西秦建弘元年上距乞伏氏迁都枹罕已有八年时间，其间社会相对安定，东西交往频繁，炳灵寺西秦石窟的营建，已经历了一个发展阶段而达到了兴盛时期。

值得注意的题记还有以下几方：

第11号壁画维摩诘变下方墨书题记9行，行间有界栏，第一行可见"□□□（八）年岁□（次）□□……"，年号莫辨，年数仅存一笔，可猜测为六年或八年。

敦皇翟奴等供养人下方墨书题记，现存12行（全文约有24行），大都漫漶不清。

北壁外侧一方题记，约十余行，唯最末行存"□□□□□释迦文佛

图4 第169窟北壁

弥勒佛"等字。

北壁墨书《佛说未曾有经》，最后九行为写经发愿文，其下部字迹均残失，年号中似有一"建"字，推想亦是建弘年号。

东壁窟口上方的第24号壁画千佛下墨书题记，共8行，起首书："比丘慧眇道弘/□□县愿县要□化道融慧勇/僧林道元道双道明道新……/等共造此千佛像……"。

以上题记大多集中在北壁，联系北壁的造像、壁画和供养人题名，可以了解到在西秦永康、建弘年间曾对该壁进行了较大规模的营造和重修。北壁造像中似以第7号龛的三佛立像为最早，在其右侧已残失的佛像位置上曾塑小身佛像并画具有西秦服饰特色的供养人行列。这种叠压关系形成于永康、建弘年间的重修，或可以第6号龛为例。北壁的主要壁画也存在着层位打破关系，如第13号打破第12号，第12号打破第11号，第10号经过了重绘，但总的来说它们都是属于相去不远的同一时代（图4）。

还有一些受到学者重视的题记，例如"恒州道人法显"、"秦州道人道聪"和"法显供养之像"、"道聪之像"，同一法号在不同的位置上出现过两次。其中"恒州道人法显"的墨迹叠压在"河州安乡县……"唐人题写之上，可以肯定是后来的游人漫题。有些题记写在发愿文的界栏内，但仍可知道属于游人题记，如维摩诘变下方界栏内书"秦州陇城县防秋健儿……"，防秋健儿是唐代边陲地区秋熟季节防备吐蕃入侵的丁壮的称谓。凡此种种，不能贸然看作建龛画壁的功德记。

西秦的造像

最早的西秦造像，是第169窟浅龛内那些形象古朴的石雕单身佛像，现存十五身，包括正壁上部十二身（第18号）、北壁上部四身（第4号）、南壁一身（未编号），其中立佛四身，坐佛十一身。正壁上部最大的立佛高达4米，着通肩大衣，左手于胸前握衣缘，右手下垂，下肢膝部以下曾用泥增塑衣纹及莲台。坐佛虽有大小之别，但均似同出一个模式，皆

图5 第7号龛

肩宽腰细，作禅定印，结跏趺坐。

这些石造像都经过彩绘，但由于直接在石质上施彩难以牢固，加之石质表层风化，故彩绘已大部脱落，只能看到残存的背光火焰纹，以及僧祇支上的绿色纹饰，图案颇原始，色彩上以绿色为主调。

西秦迁都枹罕之后，为了适应大规模营建的需要，由更便于灵活利用天然岩洞空间的泥塑背屏龛和泥塑造像代替了石雕浅龛，造像题材也趋于多样化。西秦造像的内容可归纳如下数种：

一佛　代表作首推第1龛的石胎泥塑立佛，波纹发髻，面部丰硕，着通肩大衣，凸起的衣纹中掺有犍陀罗形式。

第169窟内单身坐佛较多，不论石雕或泥塑，大都作禅定印。其中南壁下部一排五身高低不等的坐佛之一，形容清癯，前胸裸露处塑出肋骨，为释迦苦修像，表现释迦在尼连禅河畔磨炼意志欲达佛果的境界。

二佛并坐　第169窟北壁近窟顶处的岩壁裂隙处，依壁设木栿，架木板，上塑二佛并坐龛（第1号）。这是依据《法华经》而塑造的释迦、多宝佛。龛右侧画菩萨，二佛之间画供养菩萨。此外还有一龛北魏塑二佛并坐像，位于正壁北侧。

三佛　第169窟现存三铺三佛立像。北壁中间一铺（第7号）现存中佛及右佛的残迹，左佛已失，整体造型和局部处理都表现出早期造像敦厚健硕的特点（图5）。正壁下部千佛壁右侧一铺较小的三佛（第16号），右佛残失，造型短而肥。另一铺在第6号龛的东侧（第9号），三身立像排列不十分整齐，形象、衣饰和大小都有些差别。

北壁东侧三身坐佛（第14号）大小差别较大，似不应看作三佛造像。

五佛　第169窟南壁上部一铺（第23号），左侧二佛和右侧三佛在雕塑手法上有差别，左侧佛像衣纹阴刻较浅，背光的画法也不同，看来左侧二佛塑造时间稍晚，此铺造像显然经过了重修。另一铺五佛坐像为石胎泥塑，位于第17号龛的下部。

南壁下部包括苦修像在内的五身坐佛（第20号），不属于五佛造像，其中东起第一身塑造精美，有可能是晚到北魏早期的作品。南壁中层东侧岩面斜坡上，还有二身单身佛坐像，从残留的木桩和桩眼判断，此处原有多身造像，或为五佛像亦未可知。

一佛二菩萨　第169窟中有三铺立像。西壁下层一龛（第17号），佛和左侧菩萨已失，仅存右侧菩萨，宝缯束发，头顶发髻结成扇面形，发辫分多股垂肩上。龛下部有五身小坐佛，左侧有一思惟菩萨，度右侧对称位置应原有一交脚菩萨。这原是一个布局严整的大龛，并居于正壁中间的重要位置。北壁洞口原亦有一铺较大的一佛二菩萨（未编号），龛高3.5米左右，造像俱毁。另一铺一佛二菩萨立像在南壁正中（第22号），现存中佛及左侧菩萨，施彩以红色为主调。

以坐佛为主的一佛二菩萨也得到了表现。第169窟北壁的第6号龛，以无量寿佛结跏趺坐居中，观世音菩萨和得大势至菩萨胁侍两侧，均有题名。这是一铺包括造像、壁画、题记，结构完整、保存良好的无量寿佛龛。无量寿佛是早期佛教艺术中常见的题材，东晋著名雕塑家戴逵曾作无量寿佛像，今已不存。炳灵寺第169窟则保存了国内最早的有题名、有纪年的无量寿佛塑像。

一佛一菩萨一天王　仅一例，位于第169窟北壁洞口高处（第3号）。左胁侍天王高1.28米，肌肉紧张，神情忿怒，束发，着铠甲，右手举金刚杵，左手下垂。龛右侧墨书北魏延昌四年（公元515年）是后来的游人

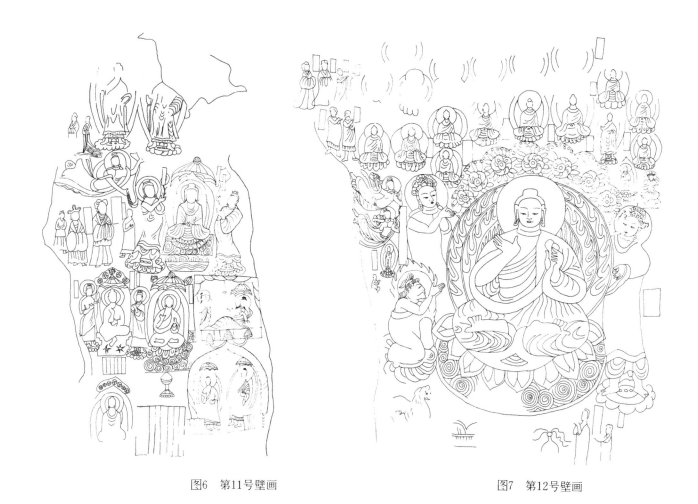

图6　第11号壁画　　　　　　　　　　　　　　图7　第12号壁画

题记，但此龛在炳灵寺西秦龛中亦应属较晚。

思惟菩萨　第169窟西壁第17号龛下部左侧一身思惟菩萨，舒相坐，面带微笑，有很高的艺术水平。其身后绘倒三角形背靠，形式上与敦煌莫高窟第275窟相一致，第275窟据认为建于北凉，似与第169窟时间相去不远。

西秦的壁画

第169窟内，壁面多不平整，壁画并无整体布局，有的画在龛内，有的则自由地分布在壁面上。壁画内容已趋丰富，分类叙述如下。

说法图是佛教绘画中最常见的题材之一。炳灵寺西秦壁画中类似说法图布局形式的画面，包括佛爷台在内，共有四铺。第169窟北壁第11号壁画（图6）中的一铺，佛作禅定印，身前置七宝盆，左胁侍题名"月光菩萨"，右胁侍题名"华严菩萨"，均着袈裟，右侧尚有飞天一身、供养人四身。第169窟的另二铺均在东壁洞口上方千佛壁画（第24号）中，亦作一坐佛二胁侍菩萨的布局。佛爷台壁画一铺，高1.60、宽1.10米，佛顶上以菩提花叶（一簇簇排列成三角形的小花纹样）组成弧状如伞盖的形式，有别于传统的华盖，但这显然是华盖的一种变形，在印度以及中国新疆的龟兹式石窟（拜城克孜尔第38窟）常见，却少见于内地石窟。而这种形式在炳灵寺石窟，除佛爷台外，还见于第169窟壁画（第12、13号）。

一坐佛二胁侍的构图有的可以据题名确认为无量寿佛。无量寿佛壁

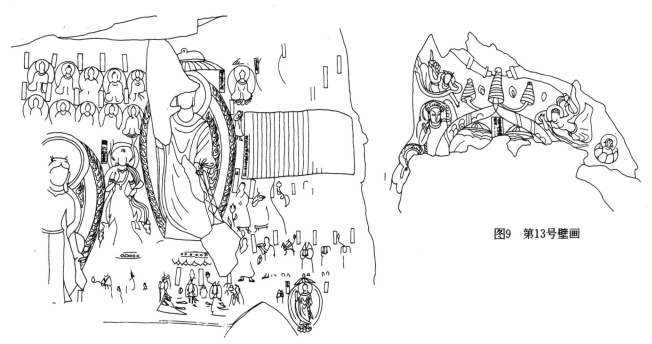

图9 第13号壁画

图8 第6号龛侧壁画

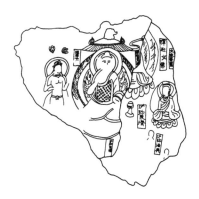

图10 第10号壁画

⑪ 西晋·竺法护译《佛说普曜经》卷七《梵天劝助说法品》:"佛告比丘于时如来演眉间相光明威神,又彼光明名曰照生,百万梵王使发其心,斯光普遍三千大千国国。时识乾梵王承其圣诣如佛心念,世尊默然不肯说法,梵天心念,今我宁可往诣佛所劝请如来转正法轮。于时识乾梵王与六万八千梵天眷属围绕,来诣佛所稽首足下,退住一面前白佛言,……"(《大正藏》卷3,p.528)。

画共四铺,其中二铺没有胁侍菩萨。另外,有"阿弥陀佛"题名一则,题写在北壁墨书《佛说未曾有经》上方小坐佛之侧。

第169窟北壁的另一壁画(第12号),亦为一坐佛二胁侍,坐佛作降魔印,右侧还有一着袈裟蓄发、深目高鼻、面佛胡跪人物,有火焰纹项光,身下立一狮,其画面上部且绘诸佛计二十身及二飞天(图7)。看来,这与拜城克孜尔石窟中某些因缘故事画相近,有人认为可能是"梵天劝请说法"⑪,但尚不足以定论。

第169窟中壁画题名"释迦牟尼佛"的凡三处,第6号龛侧一身高1.20米,与弥勒菩萨、十方佛以及龛内无量寿佛造像组合在一起(图8)。余二处都仅剩残块,未能窥其全貌。

释迦、多宝佛在第169窟内共有三铺。北壁外侧壁画(第13号)中有塔形龛,塔顶有相轮宝珠,张二幡,塔作覆钵形,塔龛内画二华盖,二佛已剥落,犹存榜题"多宝佛住地……/说法□□□(教)……"(图9)。另一铺与上述塔形龛形式相同,二佛皆善跏趺坐,题名"释迦牟尼佛多宝佛□□"(第11号)。又一铺在东壁第24号壁画千佛左下,样式同上。覆钵形的塔、刹顶张幡和三层相轮,都是源于印度经过西域的改造而东传的形式。

炳灵寺西秦壁画维摩诘变十分引人注目。在第169窟,有关的变相有三铺。第11号壁画中部,一坐佛题名"无量寿佛",似为释迦牟尼佛之误;坐佛右侧为舒相坐于束腰座上的文殊菩萨(题名漫漶);坐佛左侧画一长方形帐,帐内维摩诘作菩萨装,半卧于床榻之上,旁立侍者也作菩萨装,榜题"维摩诘之像/侍者之像"。此图右下(第10号)壁画(图10)表里两层。表层中间坐佛题名"释迦牟尼佛",右侧菩萨装侍立者题名"维摩诘之像",左侧壁画已剥落,坐佛下题"沙弥众济□□□□□□□"。里层壁画露出部分可见,一坐佛居中,题名"释迦文佛",左侧菩萨题名"文殊菩萨",右侧画面仍被覆盖,图下画二供养僧人,分别题名"沙弥众济像"、"沙弥法□"。表里两层,画工有精粗优劣之别,但均有"沙弥众济"题名,应表明系同时期所画。

此外如一佛一菩萨一天王龛(第3号)左侧壁画帷帐内一坐佛前胡跪

二菩萨，以及墨书《佛说未曾有经》(第14号)下方壁画题记"释迦牟尼佛□□……/□累阿难时　沙弥……"，其画隐约可见一佛与一菩萨对坐，似都可以推测为佛教故事画。

十方佛题材见于无量寿佛龛(第6号)，惟其题名所据经典不详，可能是当地曾经流行一时的译本。其它壁画佛像题名尚有"药王佛"(第6号)、"定光佛"(第13号)。

千佛，所见四处，其中二处均为泥坯砌土墙(第15、19号)，作成千佛壁。另二处，一在东壁洞口上方(第24号)，高3.50、宽5.50米，位置高险;一在正壁上部(未编号)高约3.50、宽约5米，佛像尺寸较大，与千佛壁规整细致的风格不同。

图11　第6号龛佛背光上飞天

飞天，一般不作为独立的绘画题材，而只是构图中的组合成分，渲染画面的气氛。第169窟中，飞天形象见于六处。北壁第7号龛立佛背光和第6号龛无量寿佛背光均饰以飞天纹样，颇为生动。无量寿佛背光飞天(图11)演奏腰鼓、竖篌、阮咸、排箫、筝、长笛等，或作舞姿，显示了西凉乐的特点。其中既有传统的中国乐器(秦筝、阮咸和排箫，即觚笙)，也有波斯系的竖箜篌和印度传来的细腰鼓，反映前秦之末、后凉、北凉时期流行于凉州一带的乐舞，正是中国、波斯、印度和龟兹艺术交相辉映的产物。第11、12、13号壁画中的飞天(图12)，皆束发、裸上身、着裙，其形体不免胖圆，但飞扬的飘带及屈曲的身躯、伸张的双臂，仍给人以飞翔之感。第3号龛内飞天(图13)，用线更为锋利、硬直，其时代当晚些。

图12:a　第11号壁画飞天

西秦的装饰画，不见平棋、藻井，多见于背、项光以及台座、背靠等，除绘飞天、化佛而外，常用火焰纹、水纹、忍冬卷草纹、联珠纹、几何纹等。

第169窟中十多处西秦供养人画像，其仪容、服饰和题名都具有史料价值，画像本身也是时代气息浓厚的艺术品。

无量寿佛龛侧(图8)的"□国大禅师昙摩毗之像"，表明《高僧传》所记昙无毗来入西秦"训以禅道"，正在建弘之初，而"西返舍夷"当在此后。

图12:b　第12　　　　　图12:c　第13
号壁画飞天　　　　　　　号壁画飞天

其下在俗供养人以"博士"为首。西秦置博士，不见于记载，而"宋齐诸博士皆卓朝服，进贤两梁冠，佩水苍玉"[12]。　博士画像题名为南安人氏，或可认为是由汉人充职。随后的侍生题名，有广宁刑斐、天水梁伯熙、金城万温、天水杨□等。在建弘题记上方，又见有供养人题名"清信士金城万温之像"和"清信女温妻……"。万温题名反复出现，说明了同一时代在北壁一再做功德的情况。

北壁女供养人画像(图14)值得注意。无量寿佛龛侧下排女供养人身穿袍服，宽衣大袖，钗环飞舞，裙裾曳地，长长的衣带和飘子扬起于身后。北壁三立佛龛(第9号)左侧女供养人形象(图15)俊逸、巾带舒展。另一铺三立佛(第7号)左侧女供养人亦饰钗环，飘子长飞。凡此，都与东晋顾恺之画风相似。

北壁第11号壁画中女供养人穿宽袖或窄袖衣，头上结两小髻，衣裙宽大，并无飘带等装饰，应是当时河西妇女的盛妆。《西河记》曰:"西河无蚕桑，妇女着碧缬裙，上加细布裳，且为戎狄性着紫缬襦襖，以外国(异)色锦为袴褶"[13]。　此壁底层壁画女供养人，仅留顶上发一部，耳侧垂发辫，似为髡发之制。

图13　第3号龛内飞天

⑫ 唐·杜佑《通典》卷二十七《职官》。

⑬ 宋·李昉等《太平御览》卷八百十四。

图14　第6号龛侧女供养人

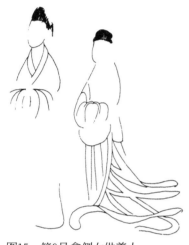

图15　第9号龛侧女供养人

关于炳灵寺西秦石窟的源流与特点

炳灵寺西秦石窟的形成和发展与中原和西域的佛教艺术有着密切关系。它反映出十六国时期中国佛教思想演变的情况和雕塑、绘画艺术发展的水平。

仅见于《高僧传》记载的西域禅师昙摩毗，他的供养像是禅僧参与经营石窟的最直接的材料，说明该窟具有"凿仙岩以居禅"的禅窟性质。其形制自然不同于西域的僧房，也同后来兼有禅窟性质的殿堂式洞窟有别，但其位居黄河岸边，地处幽静的小积石山中，其内"流泉浴地"，完全具备禅修的自然条件。第169窟内造像和壁画的内容大抵与观像、坐禅的要求相适应[14]，例如东壁洞口上方壁画千佛，有如高悬空中，作为观像当收到特殊效果。

继昙摩毗之后来这里的另一位禅僧是玄高，他是在北方弘扬禅法最有成就的僧人之一。前文推测就是唐述山的"林阳堂山"，"山古老相传云是群仙所宅，高徒众三百，住居山舍，神情自若，禅慧弥新"[15]。玄高的弟子玄绍"后入堂（唐）述山蝉蜕而逝。"可见，在西秦活动的这些禅僧都与炳灵寺石窟关系密切，现存的各处西秦窟龛可能就是他们当年活动的场所。凉州的禅法对北魏的佛教有很大影响，其中西秦禅僧所起的作用不可忽视。

第169窟的主要造像、壁画内容受到大乘思想的支配。无量寿佛形象依据《无量寿经》[16]，释迦、多宝佛依据《法华经》[17]，维摩诘变依据《维摩诘经》[18]，都是大乘教的主要经典。表现"贤劫千佛"的壁画象征着大乘教义的无边无涯，无始无终。凡此，说明大乘教思想已在西秦石窟中占主导地位。

佛教及佛教艺术由印度、西域东渐，河西走廊是一个重要地段。但从炳灵寺十六国时期佛教艺术的内容来看，中原地区业已民族化了的佛教艺术的西传，也是一个值得重视的因素。东晋流行的佛教题材，例如当时誉为"瓦棺寺三绝"[19]的顾恺之画维摩诘、戴逵作五佛像等，都在西秦石窟寺里得到了表现。

从东汉到东晋，《无量寿经》译本已有七种[20]。无量寿佛是东晋佛教艺术中常见的题材。据文献记载，被净土宗尊为初祖的著名高僧慧远（公元334～416年），尝聚集名士僧徒一百二十人在庐山东林寺"精舍无量寿佛像前，建斋立誓，共期西方"[21]。东晋宁康三年（公元373年）"沙门释道安威德昭彰，擅名宇内，于襄阳郭西铸丈六无量寿佛像"[22]。

[14] 刘慧达《北魏石窟与禅》，《考古学报》一九七八年第三期。

[15] 《高僧传》卷十一《释玄高》（《大正藏》卷50，p.397）。

190

作为一代名师的雕塑家戴逵(约公元326－396年)"善铸佛像及雕刻,曾造无量寿木像,高丈六,并菩萨。逵以古制朴拙,至于开敬,不足动心,乃潜坐帷中密听众论,所听褒贬辄加详研,积思三年,刻像乃成,迎至山阴灵宝寺"㉓,郗超于太元二十一年(公元396年)曾见此像"观而礼之"。晚于以上各像的炳灵寺西秦无量寿佛,理应受到东晋佛教艺术的影响。它们是这一题材现存最早的实物。在河西走廊西端的敦煌莫高窟,无量寿佛形象出现较晚;被认为较早的壁画净土变出现在北魏第251窟中,而有题名的壁画无量寿佛则始见于西魏大统五年的第285窟。㉔

以维摩诘为壁画题材也始于东晋。维摩诘艺术形象一开始就包含着深刻的社会内容和时代气息,它是东晋清谈之士的写照。东晋顾恺之于兴宁中(公元363－365年)在建康(南京)瓦棺寺首创维摩诘像。这画后来移入甘露寺(江苏镇江),又辗转入了唐内府㉕,以后失传。但顾作似乎是维摩诘的单身像,并非再现经品内容的经变画。到了南朝宋(公元420－478年),袁倩完成了"百有余事"的维摩诘变一卷之后,才形成了这一题材的宏篇巨构㉖。炳灵寺第169窟内所见西秦维摩诘变却早已不是维摩诘的单身像,而显然是包括文殊菩萨在内构图较完整的《维摩诘经·问疾品》变相。同时,图中人物皆束发袒身的菩萨装,全非褒衣博带的中国士大夫形象。看来,这一壁画虽然是中原首创的题材,但由于吸收了西域佛画的营养,更多地表现了佛经的内容,从而取得了具有自己地域性特点的独特成就。维摩诘的题材,不见于新疆境内的魏、晋石窟,在敦煌最早出现于隋代,麦积山、云冈、龙门等石窟及中原佛寺里有关的雕塑和绘画,也都是北魏以来的作品,现存实物以炳灵寺西秦壁画为最早。

三佛造像在中国出现的时间,过去都认为是在北魏,其实在西秦造像中三佛题材已很突出,这无疑与当时盛行修禅有关。风靡一时的北魏三佛造像,应是十六国时形成的三佛题材的继续和发展。

一佛一菩萨一天王是少见的题材,除炳灵寺第169窟外,新疆有拜城克孜尔第193、175窟前壁门上的壁画,河西有被认为是十六国时期的肃南金塔寺石窟塑像和敦煌莫高窟第257窟北魏壁画,中原则见于云冈、龙门的个别北魏洞窟,数例而已,流行的时间也不过十六国至北魏的一段时期,其中西秦一佛一菩萨一天王龛是比较重要的遗存。

河州是一个多民族聚居的地区,自汉代以来中原文化已在这里根深蒂固。魏晋时期中原争战连年,人民流徙,这里却相对安定,经济、文化都得到了发展。十六国前期,继晋正朔的前凉汉人政权稳定着河西及陇右地方的政治局面,"中州避难来者日月相继"㉗。太元二十一年(公元344年),前凉统治者张骏以州界辽远分置河州㉘。前凉治下,"世信佛教","多有塔寺"㉙。史称"晋初河州唐述谷寺"㉚,"其怀道宗玄之士,皮冠净发之徒,亦往栖托焉"㉛。大约从前凉起,外来的佛教艺术已在这里找到了适合的土壤,确立了这里在文化交流上的重要地位。

西秦的佛教造像,由单一的坐佛和立佛发展到建弘年间龛形完备、配列有序的的艺术形式,这个过程伴随着对西域佛教艺术如对犍陀罗艺术的借鉴,及其与本民族文化的融合。

西秦造像的基本特点是眼长、唇厚、鼻梁高直、形体健硕,佛着半披肩或通肩袈裟,衣纹普遍为阴刻线和凸起与刮削相结合作成,犍陀罗艺术中纹理清晰而有规律的处理手法得到了广泛的采用。

⑯ 《无量寿经》的译本:东汉·安清译《无量寿经》二卷,已佚;东汉·支娄迦谶译《佛说无量清净平等觉经》二卷(或四卷),《佛说阿弥陀经》二卷;魏·康僧铠译《佛说无量寿经》二卷;魏·帛延译《无量清净平等觉经》二卷,已佚;西晋·竺昙摩罗译《无量寿经》二卷,已佚;东晋·竺法力译《无量寿至真等正觉经》一卷,已佚;后秦·鸠摩罗什译《阿弥陀经》一卷;刘宋·佛陀跋多罗译《新无量寿经》二卷,已佚;刘宋·宝云译《新无量寿经》二卷,已佚;刘宋·昙摩密多译《新无量寿经》二卷,已佚;刘宋·畺良耶舍译《观无量寿佛经》一卷;唐·菩提流支译《无量寿如来会》二卷(或三卷);宋·法贤译《佛说大乘无量寿庄严经》三卷。参见《大正藏》卷12。

⑰ 《法华经》的译本:西晋·竺法护译《正法华经》十卷;后秦·鸠摩罗什译《妙法莲华经》七卷;隋·阇那崛多共笈多译《添品妙法莲华经》七卷。参见《大正藏》卷9。

⑱ 《维摩诘经》的译本: 东汉·严佛调译,一卷,已佚;吴·支谦译《佛说维摩诘经》二卷;后秦·鸠摩罗什译《维摩诘所说经》三卷;唐·玄奘译《说无垢称经》六卷。参见《大正藏》卷14。

⑲ 唐·张彦远《历代名画记》卷五《叙历代能画人名·顾恺之》。

⑳ 见⑯

㉑ 《高僧传》卷六《释慧远》(《大正藏》卷50,p.358)。

㉒ 唐·释道宣《释迦方志》卷下《通局篇》(《大正藏》卷51,p.971)。

㉓ 《历代名画记》卷五《叙历代能画人名·戴逵》。

㉔ 敦煌文物研究所《敦煌莫高窟内容总录》,文物出版社1982年版。

造型与色彩融为一体，也是西秦造像的一个特点。发展成熟的西秦彩塑当以建弘年间的作品为代表。佛、菩萨的面部和肌肤涂白色，用墨线勾出眉毛、点出瞳仁（菩萨有的点浅绿色，如"绀青"的效果），然后画上髭须，并完成对五官的勾画。佛袈裟多涂红色，饰以绿色衣缘。僧祇支和菩萨衣裙、巾带，分别着绿、蓝、赭、红诸色。背光设色，绿、蓝、赭、红、白、黑，而以青绿为基调。稍晚一些的背光以红色为主调。色彩效果明快而热烈，力求达到佛经称颂的，"顶上肉髻光明显照，其眼长广而绀青色，眉间毫相白如珂月，齿白齐密常有光明，唇色赤好如频婆果"[32]。

由于是在天然洞窟中，不得不在凹凸不平或坡度很大的岩面上作画，因此壁画的制作与别处有所不同。匠师们首先要修整岩面，涂泥施垩，然后作画。作画的顺序是先用土红线起草（至今仍有多处起草线见于壁间），接着涂色，再作局部晕染，最后描定稿线。

相比造像，中国传统技法在西秦壁画中表现得尤为突出。用作造型基础的传统线描，具有酣畅淋漓的生动气韵。顾恺之用笔"紧劲联绵，循环超忽，调格逸易，风趋电疾，意存笔先，画尽意在，所以全神气也"。西秦民间壁画当然达不到这样的水平，但所表现的笔法体势毕竟同出一辙。规范严格的佛、菩萨图形因豪放雄健的线描而表现出活力。至于那些表现自由的供养人，则更多地反映出了魏、晋人物画的风貌。

赋彩以单色平涂为主，局部复色平涂，西域传来的凹凸法并未得到广泛采用。人物面部和肌肤除用白色外，相当多地使用了接近人体肤色的浅赭色。

晕染的应用，主要是在眼睛、鼻梁和眉以上染白色，突出了这些部位，起到提神的作用。染白的部位还有颈项、手和衣饰上的有关部分，使画面色彩感和层次感得以加强。这样的晕染，还对于最后的线描起着定位的作用，但它和凹凸法晕染的效果完全不同。

彩塑和壁画多用矿物颜料，性质比较稳定，所以至今色彩鲜明。常见的颜料有白（石膏、硬石膏，涂地白色成份中则有石英、云母、方解石、长石等）、红、紫红（疑为氧化铁）、赭、青（青金石）、绿（绿铜矿）、黑（PbO_2）、金黄（金）、棕（辰砂HgS）。有些可能是有机颜料，如画佛袈裟所用红色，今已消褪。有些颜料自身或因混合发生了化学变化，例如有的面部着色已变成了黑色。

综上述，产生于公元五世纪初以炳灵寺第169窟为代表的西秦佛教石窟艺术，具有鲜明的时代风格和地域特点，同时无疑带有十六国时期的共性，由于它有着明确的断代依据，恰好成为魏晋南北朝艺术分期的一杆标尺。它是两汉魏晋以来寺院佛教艺术的进一步发展，又给南北朝石窟寺艺术以直接影响，而且对隋唐艺术的繁荣产生了不可磨灭的作用。它在中、西文化交流史上亦有积极的意义。它在考古学、美术史、佛教史以及更广泛的学术领域都具有很重要的价值。

㉕ 《历代名画记》卷三《记两京外州寺观画壁》："顾画维摩诘，初置甘露寺中，后为卢尚书简辞所取，宝于家以匣之。大中七年，今上因访宰臣此画，遂诏寿州刺史卢简辞求以进，赐之金帛，以画示百寮后收入内。"

㉖ 《历代名画记》卷六《叙历代能画人名·袁倩》："又维摩诘变一卷，百有余事，运思高妙，六法备呈，置位无差，若神灵感会，精光指顾，得瞻仰威容，前使顾、陆知惭，后得张、阎骇叹。"

㉗ 唐·房玄龄等《晋书》卷八十六《张轨传》。

㉘ 唐·李吉甫《元和郡县志》卷三十九。

㉙ 北齐·魏收《魏书》卷一百一十四《释老志》。

㉚ 同⑩。

㉛ 同⑨。

㉜ 后秦·鸠摩罗什译《妙法莲华经·妙庄严王本事品》（《大正藏》卷9，p.60）。

炳灵寺与佛教艺术交流

金维诺

佛教艺术在中国的发展和演变，从一个方面，反映了中国封建时代艺术在继承传统与吸收外来经验上的成就与道路，并且也显示了它在亚洲各国艺术相互交流与影响中的作用。因此，了解这方面的具体情况，不但有利于明确中国艺术的发展历史，也有利于吸取前人经验与成就来开拓今天的艺术和促进现代国际间的文化交流。同时，中国有广大的幅员，又是一个多民族国家，正确阐明不同时代、不同地区的佛教艺术的成就，也有利于了解历史上各民族的创造和文化上的交融。正是在这种认识的基础上，我试图运用已发现的材料，来探索河西石窟在佛教艺术交流史上的作用与成果。

炳灵寺石窟在河西走廊的中部，是沿线一系列佛教石窟寺院的一个中途站。河西一带是东西部交流的必经的中心地区，而炳灵寺则又是这一中心地区的中间枢纽。因而，炳灵寺的创建及其造像的样式在一定程度上反映了河西佛教艺术流布与变革的情况；并且由于遗存实物独具的特点，又加强了它在研究上的重要性。

一　建弘题记的发现及其意义

关于佛教造像的云冈样式，长期被认为是中国内地佛像的早期典型，它虽受西来艺术样式的影响。但在国内却直接影响到龙门等地石窟，也影响到河西一带的造像。特别由于云冈、龙门雕造年代可考，常常是以之衡量类似造像的标尺。因此，一段时期里，慎重的学者在分析石窟艺术上，把敦煌、麦积山的早期窟龛都看成晚于云冈昙曜五窟，以为现存石窟中没有早于五世纪中期的造像。虽然有的同志已考虑到凉州、河西一带沙门佛事内迁的史实，应该首先是凉州样式影响云冈，然后，才能是内地创新的样式通过交流，再影响到河西。但是，过去一直没有足够的实际证据，说明现存遗物有早于云冈的作品。但是，1963年甘肃省考古队清理炳灵寺石窟，登上最上层的第169窟，发现建弘元年造像龛，这才使我们获得了有力的依据，肯定河西有早于云冈昙曜五窟的造像；并且能以之比较出其前后的作品。这就在佛教造像的排年研究上，提供了较早的实物；也使探索河西一带石窟艺术的发展演变，有了新线索。

河西是联接新疆和内地的渠道，这个地区造　排年的实际成果，必然有利于西部与东部石窟艺术年代的考订。特别是新疆地区纪年造像很少。有了河西年代明确的造像依据，无疑有助于探索高昌、龟兹石窟艺术的相对年代。至于河西一带早期石窟造像的相互关系及其年代，当然也就因此比较清楚了。

炳灵寺第169窟第6号龛主尊为彩塑一佛二菩萨。在大势至菩萨的左前方有长约五百字的造像题铭，铭文结尾署："建弘元年（公元420年）岁在玄枵三月廿四日造"；在造像铭下有二列供养人，上列第一身为"□国大禅师昙摩毗之像"、第二身为"比丘道融之像"。昙摩毗为外国禅师，其名见于《高僧传·玄高传》[1]："时乞佛炽磐跨有陇西，西接凉土。有

① 梁·慧皎《高僧传》卷十一《释玄高》（《大正藏》卷50，p.397）。

外国禅师昙无毗来入其国，领徒立众，训以禅道。然三昧正受，既深且妙，陇右之僧禀承盖寡。(玄)高乃欲以己率众即从毗受法，旬日之中，毗乃反启其志。时河南有二僧，虽形为沙门，而权佯伪相，恣情乖律，颇忌学僧。昙无毗既西反舍夷，二僧乃向河南王世子曼谗构玄高云：'蓄聚徒众，将为国灾。'曼信谗便欲加害，其父不许，乃摈高往河北林阳堂山。"供养人题记与史传相印证，可知昙无毗在乞伏炽磐时始入西秦宣流禅道，当地僧徒禀承者并不多。建弘元年在此修三圣龛时，随昙无毗题名的有道融、慧普等比丘。玄高从麦积山率众来从昙无毗受法。不久，昙无毗即离此西返。乞伏炽磐子乞伏暮末在《宋书·夷貊传》作茂蔓，河南王世子曼即指茂蔓。

玄高和徒众三百居于河北山舍，学徒玄绍学究诸禅，后入堂术山蝉蜕而逝。河南王乞伏炽磐听从秦地高僧昙弘意见，遣使迎玄高出山，崇为国师。以后，玄高西游凉州，受到沮渠蒙逊的礼遇。

昙无毗、玄高、玄绍、昙弘等禅师在西秦的活动时期，正是乞伏炽磐叱咤风云，讨平吐谷浑诸部;奇袭乐都，降伏秃发傉檀，国事隆盛的时候。这自然会影响到堂术山的修建。第169窟建弘前后的造像与壁画有较多遗存。正反映了当时西秦佛事的兴盛。在这期间，经由西秦西去求法的有法显、昙无竭等人。"弘始元年岁在己亥(公元399年)，(法显)与慧景、道整、慧应、慧嵬等同契至天竺寻求戒律。初发迹长安。度陇至乾归国夏坐。夏坐讫。前行至傉檀国。"②昙无竭(法勇)"尝闻法显等躬践佛国，乃慨然有忘身之誓。遂以宋永初元年(公元420年)招集同志沙门僧猛、昙朗之徒二十五人，共赍幡盖供养之具。发迹此土，远适西方。初至河南国。仍出海西郡，进入流沙。"③这时来往的中外高僧还有多人。而法显曾在此夏坐，也就是在弘始元年(公元399年)四月十六日至七月十五日，有三个月的时间在此入禅静坐。这么长的时间在西秦停留，是否也像昙摩毗一样在炳灵寺留有遗迹，是颇值得玩味的。在第7龛泥塑立佛下画有说法图，供养比丘题名有"法显供养之像"、"道聪之像"。此法显是否是同一人，从壁画的制作年代与建弘龛相近来看，似乎可能是同一人;但在下部有一经过重涂的题榜却写有"恒州道人法显康乐而也礼拜佛时"，'恒'似'恒'或'垣'，但有垣县无垣州，而恒州是北魏太和十七年才改司州设置，其时代与画风不符。是另一法显于太和年间题写，还是后来游人题写(此处非供养人，似不应有道聪及法显供养题记)尚待作进一步考察。

建弘年间跟随昙摩毗的比丘道融，其名也见于第169窟窟口南侧上方千佛壁画之造像铭记。一同共造千佛像的僧徒有二十余人，道融之名次排列在慧眇、道弘、昙化诸僧众之后，其地位似尚未达到建弘元年随昙摩毗名列第二时之身份，可知千佛或绘制于建弘之前。见于《高僧传》的比丘道融有二。后秦弘始年间(约在公元402～409年之际)曾至长安随鸠摩罗什译经讲道的道融，是汲郡林虑人，十二岁出家，三十岁前曾游学各地。在去长安前后，类似玄高来炳灵寺游学习禅的可能性是很大的。鸠摩罗什认为道融是"聪明释子"，曾推举道融与师子国外道宗师婆罗门"捔其辩力"。当时秦主"姚兴自出，公卿皆会阙下，关中僧众四远毕集。融与婆罗门拟相训抗，锋辩飞玄"。最后婆罗门心愧悔伏，服输而去。以后道融去彭城，闻道者达到千余人，门徒有三百。七十四岁死于彭城。所著法华、大品金光明、十地、维摩等义疏并行于世④。

在第169窟南壁第23号龛为一列五坐佛。左第二尊佛像上方有题记：

② 《法显传》(《大正藏》卷51，p.857)。

③ 《高僧传》卷三《释昙无竭》(《大正藏》卷51，p.328)。

④ 以上引文见于《高僧传》卷六《释道融》(《大正藏》卷50，p.363)。

"……岁在丙申六月十八日，清信士张隆自慨过目……，故发微心，来此灵岩，行道忏悔，回观旧□，率目兴感，遂发愤……"可惜具体年号已剥蚀，但从书体与内容可知与造像彩绘不是同时，当为唐以后题写的铭记。炳灵寺称灵岩寺当在唐代，同时题记文义表明丙申年来此灵岩并不是新造龛像，故不能作为判定塑造五坐佛年代的依据。但第23号龛五坐佛造像风格与建弘元年龛相近，且其在窟内处于明显突出部位，雕造不会晚于建弘元年龛，均成于西秦盛期。

第169窟第3号龛为泥塑一佛二胁侍（左为天王，右为菩萨）。佛龛右侧有墨书题记："大代延昌四年鄯善镇铠曹掾智南郡书干陈雷子等诣窟"。是此龛造像在延昌四年（公元515年）以前早已建成。

以上是根据建弘元年造像铭和其他题记所能确定的制作年代。根据已知的这部分作品时代与全窟的布局以及艺术风格等各方面的因素，可对其它作品的相对年代作出判断。

第169窟西壁为全窟正壁，壁面适于凿造，可能为建窟初期即着手雕造的崖面;南壁亦明敞显露，崖面不规整，但可以用加背屏的办法制作泥塑，以与正壁相照映。其主要造像也当与正壁全面装饰同时;北壁崖面凹向内部，前面千佛壁与正壁下层塑像连接在一起。此千佛壁当与正面的下层泥塑以及千佛壁画制作时间相去不远;北面千佛壁后部西北角为不规则的凹洞，无法雕造，有的地面残留有凿槽;千佛壁后东北角为建弘元年龛，龛东侧有立佛及壁画，其制作年代差不多同时，从窟面布局，其经营设计可能晚于正壁及窟口南侧的千佛壁画，属于建窟的第二期工程;居于南北两壁窟口两侧的小型造像和北壁上层的第3号龛，以及窟顶的小龛，为以后陆续增补，多为北魏时作品，最晚的可能到西魏以后。

二　西秦造像的成就

从第169窟有明确年代或可推知相对年代的作品，已能使我们具体了解到西秦时期美术的大体面貌。如果我们把这些作品与西部和东部有关作品排列在一起，则可以知道佛教美术早期在我国传播并逐步形成各地特色的具体过程，对一些作品的相对年代也因此有所了解。

第169窟的坐佛除建弘元年彩塑为偏袒右肩，其它多著通肩袈裟，结跏跌坐，作禅定印。在西壁立佛两侧的坐佛及窟南北壁下层的坐佛，均只存石胎，但其形制都明晰可辨，在体态与意趣上与保存较完好的第23号龛五佛相似。五佛中西部两尊形体稍大，背光泥层压在东侧佛背光之上，似制作时以东侧三尊在先，西侧二尊在后，色彩亦不相同，但造型基本一致。西秦禅定佛面型圆润，宽额隆鼻，眉细目长，唇角微翘，表现了一种超脱、静虑、欣然、慈爱的情绪。与西部同一类型佛像相比较，可以看出西来的某些犍陀罗艺术影响，同时又有各地演化所出现的新因素（图1）。各地艺术家在表现佛的禅定像时，都注意刻划入于禅定的心神，也就是佛家所宣称的具有轻安寂静之妙味、适悦身心的"禅悦"神情。犍陀罗艺术家突出表现心体寂静、思维审虑的状态;龟兹艺术家则更多地描绘了法喜充满的快乐心神;凉州和西秦的艺术家则在静虑和禅悦之间寻求最适合的表现。形象是在息虑凝心间显示具足智慧，在身心适悦中流露慈心广大。因此似含笑而不露，如凝神而不痴。佛禅定的神态与流畅自然的衣纹，显示了艺术家杰出的表现能力。和差不多同时

图1　东西方禅定佛像演化的比较

a.　Paitava出土石雕造像（喀布尔博物馆）

b.　克孜尔尕哈出土木雕造像（吉美博物馆）

c.　吐鲁番出土泥塑造像

d.　石家庄地区出土金铜造像（福格美术馆）

图2 禅修佛像的不同表现

a. 犍陀罗石雕造像(斯瓦图博物馆)

b. 北凉承玄元年(公元428年)石塔造像(甘肃省博物馆)

c. 宋元嘉十四年(公元437年)金铜造像

发展的金铜造像相比较,这一成就显得更为突出。金铜造像在铸造上的限制以及匠师对形象和衣纹变化的不理解,停留在翻版复制的情况下,形意大失。可是泥石造像却有着长足的发展,这是十分引人注意的。

建弘元年造像是偏袒右肩外着偏衫的无量寿佛。高肉髻,目稍闭而下视,结定印,表现法藏比丘出家成道之相。面部表情是严肃的,与同窟其他佛像显然不同。这一方面体现了不同艺术家对表现对象的不同理解,另一方面则反映了同时期艺术家在塑造上的不同追求。至高无上的佛在世俗的匠师心目中,是现实禅修者所追求的理想境界,因此,要把佛具象化,只能从现实的禅修神态中寻求表现的契机。不同修养不同认识的艺术家就会从不同角度来表现禅修境界(图2)。

从麦积山第78、74窟等早期偏袒右肩造像(图3),可看出与建弘造像之间某些相同之处,但是这些造像规模大,气魄雄伟,更加强了佛的庄严。云冈石窟造像正是继承了这庄严宏伟的一面,而又有所发展。王室修造窟室,宗教的内涵与政治的内涵,都影响了艺术形象的塑造。

在第169窟一共残存有立佛十一尊(包括残存佛足或胁侍可推知原为立佛者),而且均占据主要壁面。其修造时代相去不远,可知与禅定佛像都是这个时期的主要崇拜对象。原来位于大寺沟口姊妹峰下的第1窟是身高4.60米的立佛,其雕造年代也大体相同。这是与鸠摩罗什来凉州,龟兹兴造立佛的风气随之带入河西有关的。

第169窟立佛造型大体相同,是同一个时期内先后塑造。从布局以及相互关系,尚可进一步推知其先后。第18号列龛位于正壁(西壁)上层。中间摩崖浅龛中为立佛,左手执衣角,右手下垂,作行道像。龛右沿原有一小坐佛石胎,知大立佛凿造晚于小坐佛。龛右侧大小坐佛有六、七尊,三尊较大,高在1米以上,偏袒右肩。龛左侧有坐佛四尊。立像高大雄伟,高肉髻,耳大垂肩,颈粗肩宽,足踏莲台。裾裔残存彩妆纹饰,犹可想见薄衣贴体之风姿。其下层原为一佛二菩萨之立像二铺,形制似与南壁之立佛组合相同。现只存右侧之菩萨,高约2.43米,束发耸髻,耳饰环吊,辫发垂肩,裙裾天衣自然飘动。制作之精丽,可与建弘龛之菩萨比美。此壁造像上层右侧坐佛稍早于中部立佛,而下层泥塑立像又稍晚。但其下限当在建弘以前。因其制作当早于北壁之数铺立佛。

北壁第9号龛三立佛,从相互叠压关系考察,右侧立佛略早于左侧二立佛,而其左上方第7号龛之二立佛,又略晚于第9号龛。因其右侧立佛为回避第9号龛左侧立佛之光背,明显缩短了下部躯体,使二佛不立足于同一平面。左佛身长比例适度,而右佛显得手大肩宽腿短。第9号三龛不但早于第7号龛立佛,并且也早于第6号龛。第6号龛建弘元年造像铭与供养人像正好题绘在三立佛的上部空间,从供养人描绘的部位在佛光的两侧,可知立佛的制作在前。建弘龛制作虽精,但利用窟内遗留空地补作的情况是明显的,因而在其西侧的第5号龛就更晚,可能迟至西魏。从佛龛、壁画的叠压关系以及全窟布局来看,立佛之制作均在建弘前后。但从与建弘造像风格相近,鸠摩罗什来凉州后立佛造像流行,以及西秦建国以前此地战乱连绵等各种因素考察,其上限不会早过西秦,但乞伏炽磐时期是西秦建国盛期,第169窟的主要造像当在这期间完成。

第7号龛立佛左侧一尊保存较完好,高2.45米,着通肩袈裟,全身衣纹作下垂之重环**叠襞**,表现衣薄贴体;袖口作规则之对称波纹边缘,亦表现衣质轻薄之特点。下层三尊立佛形制虽同,而衣饰塑制较粗放,虽仍有细密之线纹,已无轻薄之质感。西壁约4米高的立佛,尽管只存石胎，但精致的雕琢，犹存感人之意匠。

石造行道像在犍陀罗艺术中有丰富的遗存(图4)，从其深受希腊艺术影响的雕造技艺，可以看到当时艺术家写实主义的高度水平。约制作于公元三世纪的释迦立像，高肉髻，发作波状纹饰，垂目下视，两肩圆满，身躯端直，左手残损，右手作施无畏印，薄衣贴体，显露肌肤之变化，右腿微举，展示行道之步履，心神潜静，身势如动。犍陀罗艺术家真实地刻画了一个现实的圣者形象。出土于克什米尔的罽宾石造释迦立像(图5)，虽已残损，但承袭犍陀罗艺术的影响仍极明显。衣薄贴身如出水，肌体劲健疑欲动。而写实的褶襞却转变为装饰性的纹饰，浅浅的两道阴线就代表了重叠的衣褶。这种变化在巴米羊的大石佛造像上也可以看到，而这一转变又明显地为我国河西地区造像所吸收。龟兹的大型立佛已无存，但从图木休克和吐鲁番出土的木雕、泥塑(图6、7)可看到同时期的发展趋势。在克孜尔新1窟甬道残留的立像腿部(图8)的衣纹和吐鲁番泥塑(图9)接近，可以说明这一点。吐鲁番泥塑立像衣纹流畅，体态端严，双足立于莲台，两袖垂地临风，在静中蕴藏着动势。炳灵寺第169窟立佛直接继承了西域的样式，但塑造上趋于程式化。泥塑(或石胎泥塑)与石造像(图10)在制作上有所不同，与金铜造像也有不同，虽依同一样式塑造，也必然会产生一定的差异。这一方面受制作质材性质的制约，另一方面，不同地区的艺术家在仿效外来样式时，也不能不受到原有技巧与审美理想的制约，从而形成某些自己特有的风貌。西秦立佛不同于犍陀罗石雕与金铜造像，同时也不同于吐鲁番地区的泥塑，就是这个道理。

第169窟第9号龛立佛保存得较完好，也颇具特色。佛体端直短壮、面相圆满慈祥。特别是厚重的袈裟，反映了生活在北方的艺术家所习见的衣饰，已不同于炎热的南方的衣著。在形象塑造上慈祥超过了庄严。这些都是与犍陀罗和罽宾造像有所不同的。而太平真君四年(公元443年)和太和元年(公元477年)的金铜造像(图11)则在程式化的衣纹中，既反映了凉州一带的影响，而又出现了北魏造像的特有性质。

第17号龛的半跏像是造像中的精品，发髻虽残，面容完好。发辫垂肩，上身全裸，天衣缠臂，裙褾飘缨。面如满月含笑，身微侧而端丽。在项光的下面还画有三角形背靠，纹饰如织，叠角似氈，很有特点。相同的装饰在敦煌彩塑、酒泉石塔和麦积山等地造像上还可以看到。这几乎是这一时期在交脚菩萨或思惟菩萨造像上共同的标志。在薄罗出土的半跏思惟像(图13)，首微侧，目下垂，似作沉思状。而梵衍那的半跏像(图14)，左手执衣，右手施无畏印，扬首展眉，容颜殊妙，作熙怡喜悦之相。这是两种不同神态的半跏像。在克孜尔第38窟入口上方的思维像(图15)承袭了思惟神态的特点;而又具有地方色彩。炳灵寺西秦的半跏像则与梵衍那的造像相近，是施舍无畏、熙怡喜悦之相。而敦煌的思惟像在西来样式的基础上，进一步在刻划思惟意态上有所发展，并进而影响到内地的塑造。

佛教造像的这种演化以及在西秦所形成的特色，也反映在壁画上。在第7号龛下的壁画有沿袭西域样式的说法图、释迦牟尼、弥勒菩萨等，值得注意的是出现了兴起在内地的释迦与多宝二佛并坐以及《维摩诘所说经·问疾品》的变相。在佛的右侧画文殊及舍利弗等，文殊左蜷而右膝直垂，作勇猛踟跌坐像，右手作拔济众生印;在佛的左侧画维摩诘斜倚帐内，后有侍者。这一在江南首先发展起来的维摩变，从晋顾恺之开始就形成为定式，维摩诘被表现为"清羸示病之容，隐几忘言之状"⑤。

图3　偏袒右肩的坐佛造像

a.　库木吐拉石窟GK第20窟造像

b.　麦积山石窟第74窟造像

c.　麦积山石窟第115窟造像

⑤　唐·张彦远《历代名画记》卷二《论画体工用榻写》。

197

图4 犍陀罗石雕立佛造像
（阿希摩林博物馆）

图5 克什米尔石雕立佛造像
（斯里·帕拉塔·辛古博物馆）

图6 图木舒克出土木雕立佛
造像（柏林国立印度美术馆）

图7 吐鲁番出土木雕立佛
造像（大都会美术馆）

图8 克孜尔石窟新1窟残存泥塑立
佛造像（部分）

图9 吐鲁番泥塑立佛造像（柏林国
立印度美术馆）

顾恺之所精心刻画的维摩诘正是当时汉族名士的典型形象，因此画成开户，观者填咽，壁画被喻为"光照一寺"⑥。可是西秦画家笔下的《问疾品》，则着重在表现问疾的情节，维摩诘卧病的姿态、文殊探疾的举止都有所描绘，却不是精心地在刻画人物的内在神情。同一题材有着不同的表现，说明画家的不同修养与社会条件；而在内地创造的变相，却得到西秦的仿效，即使维摩诘是另一种西土的服饰仪容，也不能不承认，炳灵寺在接受西来影响的同时，也对于来自内地的信息产生了反应。

东西艺术的交流，促进了艺术的发展。各种艺术形象和样式都不同程度地在凉州地区有所改造，而具有某些地方特色。这一点在供养人像上表现得更为明显。外国禅师、秦地高僧、鲜卑贵族、当地妇孺，鱼龙混杂，这正是多民族地区文化交融的时代反映，特别值得注意的是在长长的礼佛行列中，有着南朝贵族服饰的妇女，云鬓高耸，襟襦飘拂，裙褕襜襜。如同晋朝画家笔下的洛神。女供养人外着直衿，内着绮靡之轻挂，衣衽下垂，上广下狭如刀圭。曹植在《洛神赋》中形容一心向往的宓妃："翩若惊鸿，婉若游龙"。"云鬓峨峨，修眉联娟"。"披罗衣之璀粲兮，珥瑶碧之华琚。戴金翠之首饰，缀明珠以耀躯。践远游之文履，曳雾绡之轻裾"。则壁画中的贵妇人正是着这种旷世奇服的佳人。也许当时当地汉族贵妇确有着如是的打扮，但是描绘得体态轻盈，翩翩然如鸿鹄之惊飞，动作柔美，婉婉然如游龙之夭矫，却明显是内地传统绘画的影响。在壁画中，着衷被之北方民族、着袈裟之外国禅师、畜发分髻之鲜卑妇孺，都具有明显的写实特色，与富有装饰意趣的汉族妇女形象展现在一起，形成明显对比。然而，这也正突出地显示了在文化交流渠道上的炳灵寺，从一开始，宗教艺术就具有其独特的地方色彩。

三　第172窟的三世佛与佛帐

图10　云冈石窟第19窟立佛造像

图11　北魏金铜立佛造像（大都会美术馆）

a.　太平真君四年（公元443年）造像　　　b.　太和元年（公元477年）造像

　　第172窟是利用第169窟北面同一高度的另一天然洞穴修造的石窟，时代晚于第169窟，兴建于北朝末期。第172窟北壁下层五立佛为北周之彩妆泥塑，肉髻扁平，面相圆满，通肩袈裟贴体而质地厚重，具有当地泥塑特点。其上有坐佛及一佛二菩萨之摩崖造像亦为北朝晚期作品。在窟西面正中位置，有一木构佛帐。

　　佛帐方形，建于高1.4米的木板支架上，四柱板壁结构，宽2.57、深2.60、高2.18米。佛帐下层为地栿一周，四角立小八角形角柱（西北角柱已失），柱上施柱头枋，井字平棋枋，最上层覆一周槫。佛帐东向设门，二槏柱及门额为后代所修配。

　　佛帐西、南、北三面各配列一佛二胁侍。正壁坐佛高0.94米，南壁坐佛高1.00米，北壁坐佛高0.90米，佛座均高0.28米。胁侍立像高1.00～1.12米。造像均经后代重妆，然其基本造型仍保持原意。佛像发髻低平，面型略长。通肩袈裟衣纹绵密，躯体扁平而长。胁侍妆修较多，而体型衣履犹存古意。整铺三世佛原来均为北周时代之造像。佛帐内的三世佛是完整的一铺群雕，组合自然，配列合理，与麦积山同类三世佛方形窟极为相似。所以不可能是零散的佛像拼凑在一起的。这种方形窟室中配列三世佛群像，虽在麦积山北朝晚期石窟中大量存在，但在炳灵寺北周窟中几乎仅此一见。

　　在佛帐内外，有明代妆修佛像时所画壁画，以及妆修者的题名，另外还有一些明代游人与进香者的题记，因之曾有人据此以为佛像与佛帐均为明代修造。其实前代遗迹后人重修及题铭，每有其事。这与西秦或北魏造像上有唐、宋、元、明等时代的题字一样，不足为怪。不能把佛帐门柱上题写有"嘉靖三十六年正月二十日，因打冰桥，怀诚朝拜，□□王玄举……"以及第169窟"木匠姓郭三尺高，上八洞前显英豪。功圆果满成正觉，九玄七祖尽都超。嘉靖十六年岁在丁酉十二月初八日"的题诗，作为推断佛帐初建于明代的依据。郭木匠明明是在"上八洞前

⑥　《历代名画记》卷五《叙历代能画人名·顾恺之》。

199

图12 菩萨交脚像与半跏像具有相同的装饰

a. 犍陀罗交脚菩萨像（柏林国立印度美术馆）

b. 莫高窟第275窟交脚菩萨像

c. 酒泉出土石塔菩萨半跏像

⑦ 《历代名画记》卷六《叙历代能画人名·陆探微》。

⑧ 《历代名画记》卷五《叙历代能画人名·戴逵》。

⑨ 《酉阳杂俎》卷五《寺塔记》。

⑩ 见于《大正藏》卷54，p.257。

显英豪"，也许是在洞前崖面修建栈道。在窟内平地上修木帐显然不会被称为"显英豪"，也不至于失足身亡而"功圆果满成正觉"。至于"因打冰桥，怀诚朝拜"的王玄举，只能证明嘉靖三十六年他来此以前，佛帐早已有之，而不能认为他与初建佛帐有任何关系。

第172窟正壁为深邃的不规则壁面，无法就窟雕造，是否会长期闲置。根据第169窟同样是自然洞窟，依然随窟室壁面的变化，几乎全窟为雕塑或壁画所布满的情况，可以想见第172窟不会除北壁以外全部闲置，留待明代才在正面建佛帐迁来塑像。而且明代既能新建木构，为什么不新造佛像，却要迁移旧像来妆修？第172窟在高崖上，如果由底层迁来泥塑重修，这一搬迁工程也是大大超过塑造工程的。而且在炳灵寺也无法找到迁走完整的一铺三世佛而后被废弃的窟室。

佛帐内三世佛的坛基，实际是沿三壁放置的三块厚木板（厚8.5厘米），这和佛帐前北壁的五佛塑在长木板上的情况是一样的，这是否意味着北周时期在此窟制作塑像坛基采用了相同方法，不是后世搬迁妆修佛像时新垫在下面的。佛像与木构制作的确切时代，将来还可以利用碳十四（^{14}C）测定年代的方法得到进一步的答案。佛帐内外壁画均为明代重绘，且有明代题记。木构经过明代重修是很明显的，平棋枋上背板均非原物，尺寸大小不一，多绘密宗图样，似为其它木构残余移置其上。

木构佛帐在北朝可能已经流行，在河南新乡博物馆藏的永平三年弥勒铜造像的背光后有线刻小佛阁就是一个实例。阁为庑殿顶，上有鸱尾，檐下为三人字拱，拱下为横枋。左右各一柱，柱下有石柱础，柱上为二斗二升拱。阁中有三世佛，佛结跏趺坐，须弥座下有莲瓣纹饰。图为平面线刻，为了显示三壁造像，不但省去了前面的门壁，而且把两侧的佛像画在中间佛像的两侧，如同胁侍。但整个结构、布局与炳灵寺第172窟佛帐基本相同。这是一个有明确年代的实例，说明当时已经流行这一类小型木构。第169窟的西北角不规则洞壁下部残存有凿痕值得注意，是否原来也有类似的木构。用木结构来填补无法修整的窟壁，使整个洞窟都能利用起来，看来是当时的工匠利用自然洞穴修造佛窟的一种创造。

北周三世佛佛帐在炳灵寺的出现，一方面是当地第126等北魏三世佛窟的延续，但它与同时期麦积山相同题材的石窟关系更为密切。北大都督李充信在麦积崖为亡父雕造七佛龛前后，正是麦积山的雕造盛期那时的小型窟室多为三世佛窟，其造型具有明显的时代特色。这一特色直接为炳灵寺的北周佛帐所承袭，这也表明此后东面由中原等地传来的影响日益增强。

四 炳灵寺的晚期造像及其特点

如果说以第169窟泥塑为主的西秦造像代表了凉州一带接受西域影响所形成的佛教样式，并从而影响到内地云冈等处的雕造。那么炳灵寺后期造像却明显地是接受内地形成的样式在进行雕造。

公元431年赫连定灭西秦，继而吐谷浑进占枹罕一带。此后，战祸、起义连年，直到北魏宣武帝时，炳灵寺营窟造像之风才再度兴盛。在第126窟外壁上方有北魏延昌二年曹子元造像铭记。第126、128、132等方形大窟和第125等数十个摩崖小龛都是延昌前后雕造的。第126窟门作圆券形，高1.53、宽1.50米，窟内为方形，高3.05、宽3.75、深3.40米，坛基高0.30米，正壁为释迦、多宝二佛并坐，高2.04米，两侧二菩萨高

1.45米;南壁为日月灯明佛,高2.00米,二菩萨高1.40米;北壁为弥勒菩萨,高1.87米,两侧菩萨高1.40米。四壁上层及窟顶浮雕千佛及菩萨。全窟雕造精丽,造像接受云冈、龙门样式之影响,褒衣博带,秀骨清俊。全身领、袖、褾、襈多作直线下垂,裙裾褶纹外张,如规整之重环叠襞。这样一种装饰性处理,进一步突出了形象的风骨。画史上详述陆探微的一些赞语,能够帮助我们理解这些石刻造像的成就及其所受影响。唐张彦远云:"陆公参灵酌妙,动与神会。笔迹劲利如锥刀焉。秀骨清像,似觉生动,令人懔懔若对神明。虽妙极象中,而思不融乎墨外"⑦。

西秦塑像浑厚恬逸的特色为北魏晚期的秀骨清像所代替,这一方面反映南北佛学交融,深入到佛教艺术上;另一方面反映内地佛事的兴盛,促进佛教样式的变革,很快又传播到东西文化交流的渠道——河西一带。

第125龛石雕释迦、多宝并坐像,像高1.13米,是这一时期二佛并坐像中的精品。二佛相向侧身而坐,相互呼应而共同面向礼拜者。额广面长,垂目下视,交眉隆鼻,动与神会。精丽润秀,风骨感人。形象瘦削的夸张处理,石刻劲利的质感,凝聚着宗教的哲理,也体现着当时的审美理想。

第126窟北壁交脚弥勒像,高冠丰颐,容颜秀丽。在形象中似乎凝聚着艺术家对未来美好愿望的憧憬。在现实中无法摆脱生活的苦难,却要在愿望中把幸福寄托于未来。而未来的弥勒世界,却只能通过塑造的菩萨给心灵以启示。弥勒像既体现宗教的理想,也体现着艺术家美好的愿望与情操。

宗教形象愈来愈多地在追求表现一种内在的精神情绪,意味着艺术家愈来愈多地在从现实生活中寻求表达宗教思想的契机,宗教的深化从而导致了生活的深化。晋戴逵为了改变"不足动心"的朴拙古制,密听众议,积思详研,终于创造了"情韵绵密,风趣巧拔"的形象。正代表了内地艺术家这样一种创作的深化过程。庾道秀认为戴逵的造像:"神犹太俗,盖卿世情未尽耳"⑧。虽然道破了其中的奥秘,却不理解这正是艺术家的成功处,也是宗教艺术的必由之路。

唐代造像承袭了这一趋势,特别是弟子像与菩萨像的塑造和艺术家对现实人物的细致观察有密切关系。唐段成式记载长安道政坊宝应寺壁画说:"今寺中释梵天女,悉齐公妓小小等写真也"。他们并且形容小小的画像真实如生:"褕袂将离壁,斜柯欲近人"。"蝉怯折腰步,蛾惊半额嚬"⑨。贵族伎妾的形象被表现在宗教画面上,不只是描绘了她美丽动人的仪表,还刻划了她内心的屈辱和愁思。这种表现在当时壁画与雕塑中普遍流行,以致佛教徒感叹:"自唐来笔工皆端严柔弱似妓女之貌。故今夸官娃如菩萨也"。(《释氏要览》卷中⑩)唐代雕塑名手杨惠之的道释雕塑在当时是与吴道子的绘画齐名的,宋代龚明之在《中吴纪闻》中载:"昆山慧聚寺毗沙门天王像,相传惠之所作,形模如生,其傍二侍女尤佳"。杨惠之塑造道释像形模如生,正是因为他对周围的现实人物深为了解,而又具有曲尽其妙的表现能力。杨惠之能通过人物的外貌表现人物的内在气质与性格。因此《五代名画补遗》说:"且惠之塑抑合相术,故为古今绝技。惠之尝于京兆府塑倡优人留杯亭,像成之日,惠之亦于装染之。遂于市会中,面墙而置之,京兆人视其背,皆曰此留杯亭也,其神巧多类此"。通过背部就能生动地表现一个人的神情,正反映了唐代雕塑家熟练的塑造才能。这种才能既体现在刻划现实人物的雕塑上,也在宗教造像中,赋与了很多的现实人物情态与社会生活情趣。

图13　薄罗出土石雕菩萨半跏像（阿希摩林博物馆）

图14　梵衍那出土泥塑菩萨半跏像（喀布尔博物馆）

图15　克孜尔石窟第38窟壁画菩萨半跏像

炳灵寺的唐代造像和内地一样，菩萨则端严柔弱如宫娃，僧徒则举止态度如常人。这些塑造妙手的所谓"最长于传神"，正是传的世俗之情。唐玄宗时的方辩和尚善捏塑，虽曲尽其妙，也被慧能大师认为是"善塑性，不善佛性"。逐渐远离佛性，刻意表现现实人的内在感情与性格，也在炳灵寺雕塑得到了实际体现。第64龛的菩萨，高髻云鬟，长眉凤眼，容颜端丽，妙瞬疑生。真实地表现了当时妇女优美动人的仪表神情。炳灵寺的石雕造像，刀法简洁，而刻画精致，即使是菩萨雕像也是在较粗犷的雕造中，显示其端严柔丽，手法单纯而表现丰富。炳灵寺唐代窟龛一百三十多，占全部窟龛的三分之二，而其造像样式的发展形成了具有地方特色的系列。

炳灵寺所在的河州，长时期是多民族杂居的地区，也是地方不同势力争战之地，先后为不同族属的军事政治力量所统治。因此也遗存了一些有关民族关系的铭刻和代表不同民族艺术的作品。这是很重要的民族艺术遗产，需要另作专题的研究与介绍。

炳灵寺从西秦开始就成为佛教的一个重要胜地，昙无毗与玄高、道融等中外高僧在佛学上的交流，促进了禅学的发展；而佛教艺术也同样在西来样式与本土传统之间进行了融合，形成了凉州地区的特点，从而逐步流布到内地。在北魏的平城与洛阳先后由于当地艺术家的创造，又出现了富有新的特色的云冈样式与龙门样式，时代长则又各有不同时期的明显差异。

北魏统一北方以后，政治上的统一，加速了各地的艺术交流，而当强大的政治力量推行下佛教及其艺术在内地得到迅速发展，河西又成为中原样式向西流布的渠道。麦积山、炳灵寺、敦煌等地，在同一时期几乎与内地具有相同的水平与风格。这反映了在政治、经济逐渐统一的过程中，艺术的共同时代风格愈益具有广泛性。虽然东魏、西魏、北齐、北周有过短暂的分割，但艺术的交流始终未断。随后，隋唐强大的统一趋势，不但使河西，而且广大的西域地区都受到中原艺术的强烈影响。各地区、各民族友好的交往和文化的广泛交流，日益加速艺术的发展。佛教艺术广泛的群众基础，也促使其内容愈益接受现实社会的影响，宗教艺术于是更加含有世俗的情趣。炳灵寺就是以其丰富的宝藏，展现了当地佛教艺术交流的光辉历程与成就。

图版说明

王万青　王世儒　董玉祥　张宝玺　马世长　萧　默　黄文昆

1　黄河北岸的大寺沟口

炳灵寺石窟所在的小积石山，景色雄奇、灵秀。石窟龛像主要集中在大寺沟，沟口姊妹峰双峰耸峙，对岸龙窝矗立，濒临黄河，犹如寺沟的门阙，故古来有"石门"之称。

2　寺沟西岸的炳灵寺石窟

炳灵寺石窟的主要窟龛，分布在大寺沟西岸的崖壁上，即所谓上、中、下八洞，鳞次栉比，计编号184个，西秦、北魏和唐代开龛造像十分兴盛，是河西走廊东端的佛教胜地。

3　俯瞰大寺沟

大寺沟，古称唐述谷，又称龙支谷，自1976年刘家峡水库建成，寺沟内水位升高，每值夏秋之际，可乘舟上溯、登临，高峡幽谷，平添水色之美。修建水库的同时，在炳灵寺窟群前修起了长二百五十米，高十六米的防护堤堰，使珍贵的石窟艺术得以保存。石窟对岸，是炳灵寺文物保管所，成立于1955年。1961年，国务院公布炳灵寺为第一批全国重点文物保护单位。

4　由栈道上登第169窟

第169窟位于约四十余米高的悬崖上，俗称天桥南洞，是炳灵寺规模最大的洞窟，建于西秦，或有可能就是史籍所称的时亮窟。由于栈道早已残毁，长期以来无法登临，直至1963年甘肃省文物工作队进行石窟勘察，才首次发现了这个对于研究中国早期石窟寺具有重要意义的石窟。1973年，架通了天梯栈道，攀缘之险化为通途。

5　第169窟　西壁　西秦——唐

第169窟是一形状不规则的天然洞穴，西壁（正壁）两侧下部向内凹陷，造像和壁画保存情况不佳。中间上部岩壁凸出部分石胎塑像泥层大都剥落，下部保存若干泥塑造像，已无完整的组合，中间和北侧的两堵千佛壁（19号和15号）均系土坯垒砌而成。南侧上部残存部分壁画，时代较晚。

6　第169窟　西壁上部　佛龛群　西秦

第169窟西壁中间上部崖面上凿浅龛十余个（18号），龛内均为单身石胎泥塑佛像，现存十二身中除二身立佛外，均为坐佛，形象、造型大体雷同，风格古朴，据认为是此窟中年代最早的作品，应早于北壁西秦建弘年间的龛像，估计约当公元五世纪初或更早。

7　第169窟　西壁上部　佛龛　西秦

西壁高处的早期龛群中间，最大一龛造立佛一尊。龛为圆券式舟形龛。佛像高达4米，高肉髻，面形圆润，颈较粗，肩宽，着半披肩袈裟，右臂下垂，左手置于胸前，立于泥塑覆莲台上。

8　第169窟　西壁上部　佛龛　西秦

西壁高处佛龛内尊像多为坐佛，佛像结跏趺坐，双手于腹前作禅定印。由于位居高处，均未经后代妆修，所以虽有风化残损，造像均保持原作风貌。造像的制作采取石雕与石胎泥塑相结合的手法，现存雕像及石刻背光上尚残存少许直接施彩的痕迹。

9　第169窟　南壁　西秦——北魏

10　第169窟　南壁上部　佛龛群　西秦——北魏

第169窟南壁中部斜坡上的龛像均已残毁无存，上部内侧高处以木为骨架泥塑背屏式龛，龛内并列塑五坐佛；龛前又塑立佛一龛，尚存一佛一菩萨，遮挡了五佛龛，其时代当稍晚。南壁外侧斜坡之上仅存二坐佛龛。窟口高处有一规模较大的残龛。南壁下部外侧现存相邻的坐佛五龛。上述龛像较早的约当西秦建弘年间，有些则可能晚到北魏。

11　第169窟　南壁上部　五佛（部分）　西秦

五佛像（23号）均作磨光高肉髻，长眼，高鼻，造型饱满有力，着通肩袈裟，双手作禅定印，结跏趺坐。衣纹自左肩斜下分布在胸前，似颇受犍陀罗造像形式的影响。五坐佛中间一尊已残。图为西起第一、二尊。第二尊佛光的东侧泥层，压在了中间一尊的部分背光之上，似表明这二尊坐佛比以东的三尊稍晚。但大体上，可能都是西秦建弘年间或略晚的作品。

12　第169窟　南壁上部　五佛（部分）　西秦

南壁上部五坐佛龛内西起第一尊。

13　第169窟　南壁上部　五佛（部分）　西秦

五坐佛龛内西起第四、五尊，比西侧的两尊稍早，但艺术风格基本相同，皆属同一时代的作品。上方现存题记一方，墨书干支"丙申"，并有"来此灵岩"、"九诸载"等语，推测为唐代天宝十五载（公元756年）所题。

14　第169窟　南壁上部　五佛（部分）　西秦

五坐佛龛内西起第五尊。

15　第169窟　东壁　西秦

第169窟实为一敞口洞穴，所谓东壁(前壁)仅窟口南侧上方一角，虽高悬空中，但岩面较为平整。古代匠师于其上涂抹泥层后满绘壁画，主要图绘千佛，约千余身(24号)。千佛均着通肩袈裟，作禅定印，排列不甚规整；上部千佛形体小，不画莲座，下部千佛略大，多有莲座。千佛之中画有类似说法图的一佛二菩萨图二方。南侧上部一方，居中佛着半披肩袈裟，似作说法印，于覆莲座上结跏趺坐，两侧胁侍菩萨各以一手高举拂尘。北侧一方，佛着通肩袈裟，作禅定印，二菩萨侍立，绘制较简率。南侧下部又画一铺释迦、多宝佛并坐说法图，多宝塔顶耸起三座塔刹，塔内二佛之间题榜墨书"多宝佛与释迦牟尼佛□□"。此图北侧墨书比丘慧眇、道弘、道融等"共造此千佛像"发愿文。道融之名，复见于北壁西秦建弘元年纪年题记龛侧的供养人画像，据此，可以认为东壁壁画千佛，同为建弘年间所为。

16 第169窟 南壁上部 佛龛 西秦

南壁上部外侧洞口处，凿一圆券形龛，龛内石雕坐佛一尊，上部基本完好，胸以下用泥补塑的部分已残毁。石雕部分系直接施彩，现虽已斑剥，但背光上的石绿色火焰纹仍有保存。此龛制作方式与西壁上部的早期龛像雷同。

17 第169窟 北壁 西秦——北魏
18 第169窟 北壁后部 佛龛群 西秦——北魏

第169窟中的重要龛像和壁画主要集中在北壁后部，龛形多为泥塑背屏式，造像以立佛居多，题材有一佛、二佛、三佛。其造作的时代约自西秦至北魏晚期甚至西魏。最引人注目的无量寿佛龛，龛侧有西秦建弘元年(公元420年)墨书题记。壁画内容丰富，显示出西秦绘画艺术的特色。北壁前部岩壁残缺、风化较甚，现存龛像较少，但下部的壁画、三坐佛龛和墨书《佛说未曾有经》以及上部高处的一佛一菩萨一天王龛，也都有重要价值。此窟底部系凭借栈道铺设木板而成，现有木构建于1973年。

19 第169窟 北壁后部 佛龛 西秦

图中浅龛(4号)均位于北壁无量寿佛龛的上方，依岩壁凿造。其右侧立佛龛的下部有被无量寿佛龛打破的痕迹，其时代应略早于后者。这一组佛龛可能是此窟中最早的遗存之一。龛内佛像受到风化，仅大体轮廓可辨，形体古拙。

20 第169窟 北壁后部 坐佛 西秦

北壁后部接近窟顶的高处，以木材、藤条为骨架，塑成背屏式龛。龛内塑一大一小两尊佛像(2号)，图为右侧较大的一尊，下部残损，大约为禅定印，结跏趺坐。面部、衣饰和背光彩妆色泽鲜艳，形象及塑造手法与无量寿佛龛、南壁五佛龛均有相似处。

21 第169窟 北壁后部 无量寿佛龛 西秦

北壁后部的无量寿佛龛(6号)，以木桩为骨架，龛正壁和左壁依岩面泥塑而成，右壁则离开岩面。龛内塑一结

跏趺坐佛，作禅定印，下有覆莲座。佛背光右上方墨书榜题"无量寿佛"。佛像面部及躯体裸露部分涂白色，眉、眼、鼻等处勾墨线，身穿红色袈裟，胸前敞开，内着僧祇支，饰龟背纹。佛两侧各有侍立胁侍菩萨一身，均束发于顶，右侧菩萨有墨书榜题"观世音菩萨"，左侧菩萨有墨书榜题"得大势志菩萨"。龛左侧有壁画，上画十方佛，下画释迦牟尼佛、弥勒菩萨。再左侧有西秦建弘元年题记一方，其下画供养人行列。按题记所示年代，这是国内现存最早的一铺无量寿佛及二菩萨塑像，足以显示西秦雕塑艺术的高度造诣。

22 第169窟 北壁无量寿佛龛内 佛背光(部分) 西秦

彩塑无量寿佛背光，自外而内饰火焰、联珠、伎乐、卷草等纹样。伎乐天画在石绿色地上，上身袒裸，披长巾，下着裙，如菩萨装，手持乐器，共约十身。图为背光左侧，伎乐天肤色呈赭红色，上起第一、二身皆漫漶，第三、四身演奏排箫、筝，第五身所持乐器不明，似为某种管乐。

23 第169窟 北壁无量寿佛龛内 佛背光(部分) 西秦

背光右侧五身伎乐天，肤色呈棕褐色，第一身所持乐器不明，第二至五身分别演奏横笛、腰鼓、竖箜篌、阮咸。这一组西秦时期的伎乐形象，具有西凉乐的组合特点，是重要的乐史资料。所绘伎乐天，飘逸自然，是很成功的绘画作品。

24 第169窟 北壁无量寿佛龛内 观世音菩萨 西秦

无量寿佛像右侧彩塑菩萨立像，保存完好。菩萨头顶束发，发辫垂肩，袒右肩，斜披络腋，下着裙，左手于胸前执宝珠，右手下垂握巾带。颜面及肢体涂白色，即所谓"皓似明月"；衣裙分别涂红色和绿色，色彩对比强烈。面相慈和，动态娴雅，实为西秦造像中具有代表性的佳作。

25 第169窟 北壁无量寿佛龛侧 供养人 西秦

无量寿佛龛左侧西秦建弘元年题记下方，壁画供养人行列上下三列，上列起首画二僧为前导，其后为世俗供养人像。图中二僧高约0.40米。第一身题名："□国大禅师昙摩毗之像"，第二身题名："比丘道融之像"。二僧均见于梁·慧皎《高僧传》的记载。昙摩毗，中印度人，在当时以禅法著名，由西秦国王乞伏炽磐迎请入国，高僧玄高曾率众从其受法。道融曾在后秦随鸠摩罗什共同翻译佛经，并以雄辩和才学著称当世，他的题名还见于东壁壁画千佛发愿文中。他们在炳灵寺开龛造像、习禅布道的遗迹，表明这一佛教胜地受到西秦上层社会的高度重视。

26 第169窟 北壁无量寿佛龛侧 供养人 西秦

无量寿佛龛左侧壁画供养人，上两列均为二僧引导的男供养人，最下一列较长，现可见八身；第一至四身为比丘及男供养人，因有重涂白粉改画的痕迹，当已非原状，第五至八身均为女供养人。第七身题名："清信女妾王之像"。图为第八身女供养人像，身着交领袍，手持曲茎莲花，

发髻高而前倾，两鬓抱面，面目清秀。形象以墨线勾勒，不施晕染，线描遒劲有力，富于表现力，反映出西秦人物画的造诣。

27 第169窟 北壁后部 佛龛群（部分） 西秦

无量寿佛龛外左侧三立佛龛大体修造时间同于前者；龛下较小的背屏式龛内塑二坐佛，建于北魏。第169窟佛龛多非同时所建，参差错落，并无统一的格局。

28 第169窟 北壁无量寿佛龛侧 墨书题记 西秦

无量寿佛龛左侧上部一方题记，高0.47、宽0.87米，系在凹凸不平的岩壁上抹泥层、涂白粉后以墨书写，原共有二十四行，其前八行字迹几已完全漫漶，末行书："建弘元年岁在玄枵三月廿四日造"。建弘为西秦乞伏炽磐年号，其元年为公元420年。这无疑是中国石窟寺中迄今发现的一个最早的纪年题记。据此，可推断无量寿佛龛的绝对年代，亦可分析第169窟的初创时代，对于研究中国早期石窟寺营建史具有重要参考价值。题记的纪年中，岁星纪年玄枵与年号建弘元年不合，若不是玄枵为题写者误书，则应考虑元年或为五年之误。

29 第169窟 北壁后部 佛龛 西秦
30 第169窟 北壁后部 立佛 西秦
31 第169窟 北壁后部 立佛（部分） 西秦
32 第169窟 北壁后部 立佛 西秦
33 第169窟 北壁后部 立佛 西秦

无量寿佛龛外左侧，依岩壁敷泥为龛，彩塑立佛三尊（9号）。右侧一尊着圆领宽袖通肩袈裟，右手抚于胸前，左手握衣角，跣足立于泥塑覆莲台上，肩宽臂长，体形健壮；面相端方，慈蔼而刚毅，鼻梁高、眉眼长，眉毛、髭须以墨线勾出。居中一尊着右袒袈裟，双手握巾带，左手置于胸前，右手下垂，立于半圆形彩绘覆莲台上，肩较窄；由于彩绘剥落和泥皮风化，使眉目不甚清晰。左侧一尊着袈裟，半袒右肩，内有僧祇支，左手握巾带于胸前，左手下垂牵衣襟，双足已残，所踏莲台部分已覆泥画壁画，面相宁静睿智。三尊立像尺寸不尽相同，左侧一尊较小；就位置而言，右侧一尊明显较低，且方向上与另二尊稍有不同，中间和左侧二尊背光相互叠压；就造型而言，右侧一尊淳厚典雅，中间一尊稚拙，左侧一尊则柔和圆熟，用色亦不一致。总的来看，三尊立佛并不是出于一个统一的构思，也未见得是同时所为，至少经过不同时期的妆修。

34 第169窟 北壁后部 佛龛 西秦
35 第169窟 北壁后部 立佛（部分） 西秦

第169窟北壁后部，三立佛龛的左上方，原似为三佛造像龛，现居中一尊保存完好，右侧一尊残存左肩、左手、左足，左侧一尊已无（7号）。三佛均为立像，面相丰圆，鼻高眼长，着通肩宽袖袈裟，双手似作说法印，造型及衣褶显示出犍陀罗艺术的影响。右侧佛由于所处位置的局限，下肢被不合比例地缩短了，其修造时间似应晚于下方三立

佛龛。佛光彩绘以石绿为主色，间以白、蓝、黑、红。背、项光均绘火焰纹。项光内周画坐佛十余身，背光内周画飞天。

36 第169窟 北壁后部 壁画 西秦

北壁后部三立佛龛以东壁面，是窟中保存壁画最集中的地方。壁画内容丰富，从布局情况看，没有统一的安排，因而画面组合很不规整。壁画之间的重叠关系也较复杂，壁画上还有重新勾描的痕迹，表明壁画不是一次完成的。壁画多为类似说法图的构图，亦有维摩诘变和释迦与多宝佛的并坐像（11、12号）。

37 第169窟 北壁后部 维摩诘变 西秦

构图分左中右三部分。居中摩尼珠宝盖下一结跏坐佛，作说法状，左上方题名"无量寿佛"。右侧菩提宝盖下一佛半跏趺坐于叠涩须弥座上，斜舒右腿，亦作说法状，两侧二胁侍菩萨合十而立，题榜漫漶，下方发愿文已被唐人重涂改写。左侧墨线边框内，上悬帐幔，宝盖下维摩诘作菩萨装，拥衾被半卧，其右有一菩萨装侍者，中间榜题"维摩诘之像/侍者之像"。据分析，居中坐佛当为释迦牟尼佛，榜题显然有误；右侧半跏佛像应为文殊师利菩萨。若然，则此图是一铺完整的《维摩诘经·问疾品》变相。此图左下方画释迦多宝并坐说法图一铺，榜题"释迦牟尼佛多宝佛说法时"，系据《法华经·见宝塔品》所绘。这两幅壁画是中国现存维摩诘变和释迦多宝图的最早实物（11号）。

38 第169窟 北壁后部 飞天、供养人 西秦

维摩诘变的上方壁画一佛二菩萨一铺（11号）。佛结跏趺坐于宝池中莲花座上，身前置七宝盆。二菩萨均着右袒袈裟，题名"月光菩萨"、"华严菩萨"。图右侧画飞天、供养人。飞天袒上身、着裙，束发，手提璎珞，形体胖圆。其下方供养人四身，第一身为比丘，穿右袒袈裟；后随三身女供养人，均穿宽袖（或窄袖襦袄），白袖缘，下着裙，形象朴实，应是西秦时期河西妇女盛妆的写照。

39 第169窟 北壁后部 飞天 西秦

维摩诘变以东壁画一佛二菩萨，佛着僧祇支、半披肩袈裟，结跏趺坐于水池莲花之上。二胁侍菩萨均戴花鬘冠，一着右袒袈裟，一着通肩袈裟。佛右侧尚有一身着右袒袈裟，高鼻、髭须，火焰项光，举手合十，胡跪于覆莲上的西域人物形象。此图（12号）菩提宝盖之上画十方佛等，右侧上部画飞天二身。二飞天均裸上身，束裙，手托花盘供养，作凌空飞舞之势，身躯呈"U"字形弯曲。

40 第169窟 北壁后部 供养人 西秦

上图（12号）飞天右上方画二供养僧人，分别题名"法显供养之像"、"道聪之像"。此二题名均见于窟内别处。法显是十六国时期西行求法的著名高僧，途中在西秦夏坐三个月，时值建弘元年之前二十年。此题名是否当时（公元399年）法显经过时留下的遗迹，是使人感兴趣的问题。

41　第169窟　北壁后部　维摩诘变　西秦
　　这是第169窟西秦壁画中的又一铺维摩诘变(10号)。维摩诘居士形象仍作菩萨装，题名"维摩诘之像"，居右略向左侧身。居中正面佛像，结跏趺坐，作说法状，题名"释迦牟尼佛"。左侧画面已剥落，露出底层壁画及"文殊师利"题名。底层壁画中画坐佛、菩萨等，有"释迦文佛"等题名，画风明显比表层粗犷简率，但两层壁画都有"沙弥众济"题名，或表明两次图绘内容相同，虽有精拙之分，其时间亦相差不远，有可能是同一功德主主持下所为。

42　第169窟　北壁前部　说法图　西秦
　　北壁前部外侧，风化较甚，保存龛像较少。此龛龛形已残，壁面上有火烧过的痕迹，画面已不清晰(14号)。壁画主体为一坐佛二菩萨形式的说法图。左侧菩萨右手下垂握披巾，左手举于胸前。右侧菩萨左手持拂尘举过头顶。其右侧为三身供养人，头戴冠，着交领长袍，题名为："敦煌翟□之像"等。按，翟氏是敦煌大姓之一。

43　第169窟　西壁下部　菩萨　西秦
44　第169窟　西壁下部　菩萨(部分)　西秦
　　西壁下部原一泥塑敞口龛中，原塑一佛二菩萨立像(17号)。主尊立佛原高约3米，现仅存双足及半圆形莲台。北侧胁侍菩萨全毁。现存南侧胁侍菩萨，高2.43米，束发于头顶而披于两肩，面形浑圆而略方，额宽、鼻直，眼大而长，嘴部轮廓分明，微含笑意，耳饰长垂，裸上身，披巾，着裙。此像服饰、造型与无量寿佛龛胁侍近似，当系同时作品；面部白粉及施彩虽已剥落，但未见后代重修补塑痕迹，是窟中头部保存完好的西秦造像原作之一。

45　第169窟　西壁下部　五佛(部分)　西秦
　　西壁下部泥塑敞口龛(17号)内，立佛及二胁侍下方的基座上，并排石胎泥塑五身坐佛，除二身保存头部泥塑外，均已风化仅存石胎。图为南起第一至四身，造型饱满而含蓄，佛坐禅入定时旷达了悟的神情表现得十分自然。

46　第169窟　西壁下部　半跏菩萨　西秦
　　西壁下部靠近北侧千佛壁的二身立佛与五身石胎泥塑坐佛之间，塑半跏趺坐菩萨一身(17号)，袒胸、着裙，于束腰座上舒右腿，上身略向左斜倚，龛壁上彩绘头光和三角形背靠。双臂虽已残断，仍可知是左手支颐、右手抚膝的菩萨思惟相。双眼轻阖，嘴含笑意，形象生动。

47　第169窟　南壁上部　佛龛　西秦
　　南壁上部五佛龛前塑立佛一龛(22号)，现存立佛及左侧胁侍，右胁侍已毁。佛高肉髻，面相丰圆，着僧祇支、右袒袈裟，左手于胸前拈衣缘，右手下垂提衣裾。菩萨袒上身，着裙，双手合十。背光绘火焰纹，佛背光内画禅定佛一匝。衣饰及背光彩绘以红色为主调。其建造时代稍晚于后方的五坐佛龛。

48　第169窟　西壁下部　佛龛　西秦
　　西壁下部半跏菩萨以北，靠近北侧千佛壁，依岩面泥塑成龛，塑三立佛，现存二身(16号)。佛像身躯较短，略显肥胖，为西秦——北魏期间的造像。

49　第169窟　南壁上部　立佛(部分)　西秦
　　南壁上部立佛龛中主尊细部。

50　第169窟　南壁上部　佛龛　西秦
51　第169窟　南壁上部　佛龛　西秦
　　南壁上部外侧岩面斜坡之上，现存坐佛二龛(21号)，造像均高肉髻，着红色通肩袈裟，结跏趺坐，双手交于腹前作禅定印，阴刻衣纹自左肩斜向散布于胸前。造像风格与同壁五佛略同。按其位置、龛像格局，可以想象此二龛或亦属于一铺五佛。

52　第169窟　南壁下部　佛龛　西秦
53　第169窟　南壁下部　坐佛　西秦
54　第169窟　南壁下部　坐佛　西秦
　　南壁下部外侧，正在岩面斜坡之下，现存依壁敷泥的一列浅龛，共五个，各塑坐佛，大小不一(20号)。塑像泥层用草、麻、红沙和白土，虽经风化，多有残缺，却仍不失原作面貌，表面光滑坚固，看去犹如石质，制作技巧可谓精湛。

55　第169窟　南壁下部　坐佛　西秦
　　南壁下部外侧西起第一龛，龛形甚浅，若有若无。坐佛高肉髻，神情安定慈祥，为禅定相。衣饰及胸以下肢体大部残毁。

56　第169窟　南壁下部　坐佛　西秦
　　南壁下部外侧西起第二龛，龛形浅，略显圆券形。坐佛保存尚好，于半圆形台座上结跏趺坐，作禅定印，造型结实有力。

57　第169窟　南壁下部　苦修像　西秦
　　南壁下部外侧西起第三龛，作圆券形浅龛，内塑结跏趺坐佛苦修像一尊，佛袒上身，披巾绕肩，下着裙。向内凹陷的腹部和经过夸张的胸部肋骨以及消瘦的面颊、额头的皱纹，都在于表现悉达多太子(释迦牟尼)六年苦修的坚毅精神。

58　第169窟　南壁下部　坐佛　西秦
　　南壁下部外侧西起第五龛，已面向窟外。龛内坐佛面相略显清俊，双眉略向上挑，嘴角亦微上翘，神情平静和悦，手作禅定印，着通肩袈裟。腿部、右肩及台座均已残毁，颈项部分有补塑或重修的痕迹。此像亦是窟内值得重视的一件西秦——北魏雕塑珍品。

59 第169窟　北壁　西秦

60 第169窟　西壁前部　千佛壁　西秦——北魏

西壁北侧岩面凹进，以土坯砌筑墙壁，于其正面涂垩作画（15号）。墙壁高3.52、宽4.78、厚0.50米。壁画千佛，共约二十二排，每排五十四像，总计逾千身。千佛绘制甚规整，着色以四佛为一组，分别施以红、绿、蓝、赭，交错配置，形成斜向道道光华的艺术效果。墙壁上有隋开皇年间及明代崇祯年间的游人漫题。墙壁遮挡于北壁无量寿佛龛前，其修造时间当较晚于西秦建弘元年。

61 第169窟　北壁前部　佛龛　西秦——北魏

北壁前部，靠近西壁北侧千佛壁，横长方形龛内塑三坐佛，均作禅定印，结跏趺坐（14号）。右侧一身高0.55米，着通肩袈裟，保存较好。中间一身较小，高0.44米，着右袒袈裟。左侧一身着通肩袈裟，头部残毁。龛上方为墨书《佛说未曾有经》，经文下部被坐佛造像项光所部分覆盖，联系造像风格可推想此龛塑造时间当晚于西秦。

62 第169窟　北壁前部　佛龛　西秦——北魏
63 第169窟　北壁前部　天王（部分）

北壁外侧高处泥塑背屏式龛，龛口朝东，龛内塑像三身，为一佛一菩萨一天王（3号）；禅定佛居中，右侧菩萨袒上身，左手执拂尘，左侧为天王立像。天王束发，身着铠甲，披披风，右手擎金刚杵，须髯贲张，眉头紧锁，神情威猛。以天王为胁侍多见于新疆拜城克孜尔石窟的因缘、佛传图中，亦见于敦煌莫高窟北魏壁画说法图，内地却较少见。龛内壁画值得注意，坐佛上方画有宝盖、二飞天，背光中供养菩萨，项光中画禅定坐佛九身，龛左侧残存故事画。龛内可见北魏"大代延昌四年"及唐代游人题记，可知此龛建于延昌四年（公元515年）之前。

64 第169窟　北壁前部佛龛侧　因缘故事　西秦——北魏

北壁外侧高处一佛一菩萨一天王龛左侧，残存壁画，似以图案饰带分隔为上下段横幅构图，画故事画。上段残存部分画面为一佛于莲花座上善跏趺坐，着右袒袈裟，右手扬起作说法状，座前立一鸟。一菩萨戴宝冠，披巾，半跏趺坐于佛前，身后另一菩萨胡跪于地。画面上方画出帷幔。这样的情节表现，似为某一因缘故事画，内容待考。

65 第169窟　北壁后部　佛龛　北魏
66 第169窟　北壁后部　坐佛（部分）　北魏
67 第169窟　北壁后部　坐佛（部分）　北魏

北壁后部位于无量寿佛龛与三立佛龛之间，有一泥塑背屏式龛，塑二身并坐像（8号）。右侧佛，水波纹高髻，结跏趺坐，作禅定印。左侧像较小些，交脚，双手似在胸前合十，顶上大髻已残破，疑为菩萨造像。二像颈细，面形略长，俊逸潇洒，和悦动人，属于秀骨清像的造型风格。这是北魏孝文帝改制、提倡汉化、吸收南朝文化影响而在中国佛教艺术领域中的一种表现。

68 第169窟　北壁后部　佛龛　北魏

北壁无量寿佛龛背屏右侧的后面与岩壁之间的空隙处，上下作成三个圆券形龛，各塑一身佛结跏趺坐禅定像（5号）。造像风格显系北魏时期秀骨清像的类型。此三龛僻处角落，向少为人所注意。

69 第169窟　北壁后部　佛龛　北魏——西魏

此龛位于北壁后部最里侧，现存造像二身（5号）。右侧为立佛。左侧另一佛善跏趺坐，似作说法印，尺寸比立佛小得多。造像风格亦属北魏至西魏时期的秀骨清像。

70 第169窟　西壁上部　壁画　隋——唐

西壁南侧上部残存部分壁画，画面可辨有立佛、飞天等，均绘于白地上。飞天动态轻盈，线描圆熟流畅，由艺术风格判断，可能是隋唐时代对此窟进行重修时的作品。

71 天桥栈道
72 天桥崖壁上的造像　西秦——北周

出第169窟，由北侧沿栈道可达同在摩崖大佛龛顶的另一天然洞穴，即第172窟。第172窟位于大佛龛顶的北侧，俗称天桥北洞。连接两个窟的悬崖栈道称为天桥。由崖壁上遗存的木栿孔眼可知，原有栈道上下两层，因年久失修，终被焚毁，崖壁上的塑像亦多残失。通过对栈道原状的分析可知，第169窟内的上部佛龛原来是通过上层栈道通达的。1973年重新修通了下层栈道，使这最高处的两个窟相通无阻。因为第172窟地面较第169窟略高，故栈道由南而北逐渐升高。当年曾有众多造像贴壁而塑，现仅残存零星数身，大都是立像，看来有立佛、一佛二菩萨等，并残留部分壁画千佛。造像原塑时间当在西秦、北朝，曾经过多次妆銮，有的表层泥皮二、三层，唐代、明清似都有重绘。二窟之中有北魏、隋、唐、明、清各代游人题记。在靠近第172窟的崖壁上，最近发现唐开元十二年题记一则，提到修栈道事："□将军作龛并／功德及打栿孔／一心供养佛／时"，说明盛唐时曾重修栈道。另一次重修大约是在明代。

73 第172窟　北壁　西秦——北周

第172窟也是一个自石窟营建早期已被选用来供养佛教造像的天然洞穴。北壁外侧近洞口处一身小坐佛，近似西秦造像风格。北壁上部主尊为一坐佛，胁侍二菩萨，属于北魏风格；下部北周塑五佛。西壁（正壁）向内凹陷成溶洞，置一木阁，内北周塑三佛及胁侍。造像均经明代重修，然都有原迹可寻。

74 第172窟　北壁上部　坐佛（部分）　北魏

北壁上部圆券形龛内塑一佛二菩萨一铺。佛作磨光高肉髻，面相略方而饱满，着通肩袈裟，双手置腹前，为禅定相，佛衣垂覆于台座上。二菩萨均作高髻宝冠，长颈窄肩，袒上身，着裙，立于半圆形莲台上。火焰纹背、项光赋色清雅，以石绿为主。造像的艺术风格属于由西秦时期的古朴雄健向北魏孝文帝以后的秀骨清像过渡的阶段。

75　佛爷台
76　佛爷台　壁画　西秦——北魏

由大寺沟炳灵寺石窟窟群沿山涧北去，行至约1公里处，西侧山崖高处有一天然洞穴，称作佛爷台。在洞口上方残存部分壁画，此外并无其它石窟遗存。现存壁画高1.60、宽2.50米，左右两铺。右侧为说法图，白地，上有树形宝盖，佛结跏趺坐，着僧祇支、右袒袈裟。二菩萨戴宝冠，袒上身，侍立两旁，上方有莲花化身。壁画用笔谨细，服饰图案无微不至。左侧一铺画一坐佛一立佛，造型能力远不如右图，设色亦较简率，看来这两铺壁画均属于西秦、北魏之际线描谨细的一种画风，与第169窟内壁画殊多不同。

77　第184窟　北壁上部　壁画　北魏
78　第184窟　东壁上部　壁画　北魏
79　第184窟　北壁上部　菩萨　北魏

第184窟位于寺沟口姊妹峰下，高距地面70余米，离寺沟石窟群约1公里，是炳灵寺少见的人工开凿的大形洞窟。洞窟平面横长方形，正壁(西壁)凸出半个中心柱。柱前原有立佛像，已被后代改塑成道教老君坐像，全窟早期壁画也尽被覆盖。因此，长期以来人们称此窟为老君洞。1981、1982年，甘肃省博物馆和甘肃省文物工作队对窟内北壁和东壁上部的白色涂层试作了部分清理，显露出各约1米余见方的两块北魏壁画。北壁所见为二佛并坐及七佛，东壁画千佛，墨书题名有"释迦多宝佛"、"药王菩萨"、"普贤菩萨"、"文殊师利菩萨"等。壁画菩萨秀骨清像、褒衣博带，形容潇洒，明显属于北魏晚期或西魏的风格。据对这二块壁画进行分析，认为仍然是重绘的，在它的底层应还有更早期的壁画，由此看来，此窟可能也是炳灵寺最早期的石窟之一。

80　北魏窟龛群
81　第124、125龛　北魏

炳灵寺大寺沟窟龛群的中段，第124至146龛之间，是北魏窟龛比较集中的地带。大小共10个窟龛多建于北魏晚期的延昌年间(公元512～515年)，造像题材以释迦、多宝二佛并坐像为主，同时有三佛、七佛、思惟菩萨、涅槃变、维摩诘变、千佛、供养人等等，反映出当时炳灵寺石窟兴窟造像的盛况。第125龛为圆券形，尖拱龛楣，龛内雕释迦、多宝二佛并坐说法像及二胁侍菩萨、二力士。二佛面形瘦长，褒衣博带，衣裾褶襞长垂覆盖于台座，是炳灵寺北魏晚期的标准样式。雕刻匠师的刀法精确、娴熟，几可印证南朝陆探微"秀骨清像，似觉生动，令人懔懔，若对神明"的意境。第125龛南侧第124龛形制较小，雕一佛二菩萨，为说法相。

82　第126窟　西壁　坐佛(部分)　北魏

北魏窟龛群中，第126、128、132窟是相邻的三个较大洞窟，形制大体相同，开凿时间亦相近。第126窟平面方形，低坛基，穹窿顶，窟门圆拱形。正壁(西壁)雕主尊释迦、多宝二佛并坐说法像及二菩萨，南壁雕一坐佛二菩萨，北壁雕一交脚菩萨及二菩萨，四壁上部浮雕千佛、七佛、思惟菩萨等，并保存有明代壁画彩绘。全窟已被烟熏黑。窟外上方崖壁上(见在第97、98龛之间)有阴刻题记一方，为北魏延昌二年(公元513年)曹子元造窟铭文，由此可知此窟绝对年代。图为正壁主尊右侧一身，系释迦牟尼佛说法像，面相身形瘦长是造型上的主要特征。

83　第126窟　西壁　菩萨(部分)　北魏

图为正壁主尊多宝佛像左侧的胁侍菩萨，右手拈花枝于肩，左手执桃形器侍立，头戴宝冠，嘴角含笑。

84　第126窟　西壁上部　半跏菩萨　北魏

西壁上部以悬雕的形式，镌成半跏趺坐菩萨及供养弟子，表现菩萨思惟的内容，在穹窿顶四周千佛之中倏见生动。菩萨以一手支颐，宛若凝神聆听说法，偏观窟中二佛、三佛、七佛、千佛，如有顿悟。

85　第126窟　西壁　供养人　北魏

西壁坛基北侧刻成一长方形龛，龛内浮雕一供养僧人，身穿袈裟，右手托香炉，应是此窟持法僧人的功德像。

86　第126窟　东壁上部　佛、供养菩萨　北魏

东壁上部上下分四层浮雕千佛，佛或坐或立，排列整齐。图为东壁上部北侧，上起第二层一身供养菩萨披宽大袈裟，手执莲枝，立莲台上，为侧面像，形象生动、自然，在相对规整的布局中增加了变化。此窟除三壁的主要尊像外，各壁自底至顶几乎满布浮雕，全窟雕像总计112身，是炳灵寺北魏石窟中造像最多的洞窟。

87　第126窟　北壁　北魏
88　第126窟　北壁　交脚菩萨(部分)　北魏
89　第126窟　北壁　菩萨(部分)　北魏

北壁居中雕一菩萨，交脚坐双狮座，头戴宝冠，双目低垂，形象清秀、睿智，通肩袈裟宽博长大，披巾于腹前交叉穿环，衣纹流畅。两侧胁侍菩萨立像各一身，神情动态俊逸潇洒，右侧菩萨合十，左侧菩萨抬手拈一莲蕾。这一铺弥勒菩萨与西壁、南壁造像共同组成了三世佛的内容。

90　第126窟　南壁　菩萨(部分)　北魏

图为南壁的右胁侍。南壁居中雕一坐佛，当是过去佛，两侧二菩萨胁侍。此窟造像具有典型的秀骨清像风格，雕造精湛，并有延昌二年(公元513年)造窟题记，是具有代表性的北魏洞窟。

91　第128窟　东壁门上　北魏

第128窟位于第126窟北侧，居三个相邻洞窟的中央，窟内布局与其它二窟相仿，南北两壁均为一坐佛二菩萨，无交脚菩萨。正壁上部两侧小龛中分别雕维摩诘、文殊菩萨。前壁(东壁)门上分上下二层，上层一排坐佛六身；下层一排立佛七身，两侧雕供养弟子和思惟菩萨。雕像之外，四壁残存晚期壁画。此窟原有裂隙，正壁二佛及南壁一佛、北壁一佛一菩萨俱已残毁，1982年炳灵寺文物保管所收集残件拼合复原如现状，全窟造像大体完整。

92 第128窟 西壁 坐佛(部分) 北魏

正壁(西壁)主尊释迦、多宝二佛并坐说法像，图为右侧释迦牟尼佛，刀法简洁、明快，造型准确，为北魏延昌年间的杰作。此窟造像风格与第125龛和第126窟相同。

93 第128窟 东壁上部 半跏菩萨 北魏

东壁上部七立佛的两端，北端雕一供养弟子，南端雕一半跏趺坐菩萨，舒左腿，右手支颐，一供养弟子侍立于前，着力表现菩萨在静默沉思中的神情动态，是北魏时期思惟菩萨像的佳作。

94 第132窟 西壁 北魏

第132窟是和第126、128窟在同一水平位置上的三个相邻的北魏洞窟，形成了统一的布局，应是同一时期的作品。此窟主要尊像的内容和格局与第126窟完全相同。正壁(西壁)主尊为释迦、多宝二佛并坐像，两侧二菩萨胁侍，南壁雕一坐佛二菩萨，北壁雕交脚菩萨及二菩萨，东壁门上为释迦涅槃像一龛，窟顶为覆斗形，四壁壁画经明代重绘。

95 第132窟 北壁 交脚菩萨 北魏
96 第132窟 北壁 交脚菩萨(部分) 北魏

北壁居中雕交脚菩萨像，其格局与第126窟相仿，以弥勒菩萨和正壁的并坐二佛、南壁的坐佛，组合成三世佛的造像内容。交脚菩萨戴宝冠，着宽袖通肩袈裟，披巾交叉于腹前穿环，长裙垂于台座，为褒衣博带形式。面相与第126窟相比略短显方，但仍属秀骨清像。菩萨交脚受一蹲地力士双手托举。雕刻刀法纯熟，造型准确有力。

97 第132窟 北壁 菩萨 北魏

图为北壁弥勒菩萨左侧(东侧)胁侍菩萨，戴宝冠，着通肩袈裟、长裙，秀骨清像，长身玉立，造型秀雅而朴实凝重。

98 第132窟 北壁 力士 北魏

北壁交脚弥勒菩萨足下承托的力士，双足分开蹲踞地下，双手举过头顶，腰束宽带，胸前短衫衣襟敞开，头顶梳髻，神情静默但也表现出忍受重负时的用力。

99 第132窟 南壁 北魏
100 第132窟 南壁 菩萨(部分) 北魏

南壁居中雕一坐佛，应是表现佛的过去世。佛着通肩袈裟，衣裾垂覆于台座，双手作说法印。佛两侧侍立二菩萨。左侧(西侧)菩萨雕作精湛，垂目沉思，宛如一位专志修行的有道高僧，是北魏宣武帝元恪延昌年间的代表作之一。由于明、清二代此地香火甚盛，这三个北魏窟尽被熏黑，壁画原作无从辨识，仅依稀可见元、明的重绘，但雕塑艺术的高度成就却终于保存下来。

101 第132窟 东壁门上 涅槃变 北魏

东壁门上圆券龛内雕释迦牟尼佛涅槃像，佛右胁而卧，头北面西，表现佛在中天竺拘尸那城跋提河边娑罗双树间入涅槃的情景。佛神态从容安详，表现寂灭为乐的佛教思想。佛光后浮雕众弟子哀悼，姿态各异。佛头顶一佛弟子跪坐，应是释迦的十大弟子之一舍利弗。

102 第2龛 并坐二佛 北魏
103 第2龛 菩萨 北魏

第2龛位于窟龛群以南的悬崖高处，是一个摩崖敞口龛，龛内造像均为北魏泥塑，居中塑释迦多宝二佛并坐像为主尊，两侧塑二胁侍菩萨。二佛着通肩袈裟，前胸敞开，衣裾褶襞垂覆台座，双手俱残，项光、背光都塑成莲瓣形。二胁侍菩萨均头梳高髻，披帔子，束裙，扬起一手或执莲蕾或拈花枝。右侧菩萨头已残，左侧菩萨保存完好。此龛造像形体较第126、128、132等窟龛稍见圆润，但亦是秀骨清像的典型作品。

104 第6窟 西壁 坐佛 北周

第6窟建于北周，是炳灵寺石窟在这一时期的代表性洞窟。窟形平面长方，平顶。正壁(西壁)石雕坐佛一尊，作禅定印，肉髻低平，衣褶呈密集的波浪式，与前此的北魏造像比较，已显粗短胖圆。佛像袈裟上绘有田相纹，项光绘忍冬纹、菱纹、圆珠纹，背光绘火焰纹。壁上满绘宝树、千佛。佛两侧弟子造像已毁。

105 第6窟 北壁 菩萨(部分) 北周
106 第6窟 南壁 菩萨 北周

第6窟南北两壁雕菩萨立像各一身，均戴宝冠，前胸开敞，披巾于腹前交叉下垂，束长裙，手中执净瓶、念珠等法物。壁上均绘宝树、千佛。宝树上下连续，形成竖格，千佛俱在两树之间，有如在广阔茂密的树林之中静坐修行，视觉效果规整而又富有意趣。壁面下部画山林动物等，多已漫漶不清。两壁前部(东侧)似原有二力士塑像，现已毁，仅存壁上残痕。

107 第6窟 南壁下部 壁画 北周

南壁下部菩萨造像东侧现残存壁画一方，虽不完整，但尚清晰，所见为山岩之间一株大树，其上有猿猴攀援、鸟雀停仁。菩萨造像以西的画面似与此相连续。佛经中有关猿猴的本生故事不在少数，著名的如猴王本生，讲群猴在国王园中觅食，国王命人围捕，猴王带领群猴逃遁。遇一深涧，群猴不能渡，猴王即以自己身体为悬桥，使群猴得以安全避走。追猎者赶到，见三只喜鹊憩息枝上，并无扰动，遂转向它处。故事见于吴·康僧会译《六度集经》卷六。又有猕猴本生，讲鳖（或作虬、鲛）妇怀胎，思食猕猴心肝，鳖为之上岸寻觅，见猕猴于优昙婆罗树上。鳖诱之下水，终为猕猴所知觉，设法从水中出，还于树上，再不为鳖所诱。故事见于西晋·竺法护译《生经》中的《佛说鳖猕猴经》。现因壁画残存仅此，周围大多漫漶，已难推知完整的构图，壁画的具体内容不易确定。

108　第172窟　北壁下部　五佛　北周
109　第172窟　北壁下部　立佛　北周

第172窟原建于西秦——北魏期间，后经北周较大规模的修建，最后又经明代重施彩绘，现存壁画几乎都是明人所绘。北壁下部外侧，泥塑并列五身立佛，动态、形象均相同，低平肉髻，面相丰圆，身体比例显得比北魏时期造像短。图109立佛是五立佛的最外侧（东侧）一身。造像均贴壁而塑，下置一长木板，为五立佛的坛基，这是自西秦以来直至北周常见的作法，在炳灵寺石窟不乏例证。

110　第172窟　西壁　佛帐　北周——明
111　第172窟　西壁　佛帐（部分）　北周——明

第172窟窟底内高外低，西壁向内凹进。在凹进处由地面以短木柱架设平台，上建木阁，即木构佛帐一座。帐平面约2.6米见方，通高2.18米。帐顶为九格平棋。四面板壁，正面（东面）开门。帐内正壁（西壁）和南北两壁分别塑一佛二胁侍像。造像均为北周风格，木构上的彩绘则显然绘于明代，壁面上亦有多处明人题记。帐，早在周代即已有之，以后直至南北朝时期屡见于文献、图画和实物，知其构架为木，平面正方或长方，盝顶或攒尖顶居多，帐外往往张覆织物，有时用作奉神之所，以后又用置佛像，北朝石窟中的覆斗顶窟室也是对于佛帐的模仿。在洞窟形状不规则的第172窟，在西壁凹陷处置以木构佛帐，显然是出于合理利用洞窟空间的考虑。图版111显示木阁正面门上壁画佛涅槃图和门侧壁画赴会菩萨，应属明代作品。

112　第172窟　西壁佛帐内　西壁　北周
113　第172窟　西壁佛帐内　南壁　北周
114　第172窟　西壁佛帐内　北壁　北周
115　第172窟　西壁佛帐内　西壁、南壁（部分）　北周

木构佛帐内正壁（西壁）和南、北侧壁各塑一佛二胁侍，共同组合成三佛的造像内容。正壁一组为一佛二弟子，两侧壁主像各为一佛，两胁侍中里侧一身均为菩萨，外侧一身都穿通肩袈裟，顶上有髻，似为立佛的形象。这些造像看来都经过明代的妆銮，虽然主要部分均保持原作精神，体现出北周甚至更早些的时代特征，但也有部分已经过较大修改。在明代，洞窟、佛帐和造像都经过大规模的修缮。南北两壁外侧胁侍像显然曾有较大的残损，修复之后已不复为原来的状况。佛帐内的三尊佛像，均结跏趺坐，作禅定印，以西壁和南壁二尊保存较好。同窟内北壁下部北周五立佛一样，三组塑像都塑在厚约8～9厘米的长方木板上。

116　第8窟　西壁　坐佛　隋

第8窟平面近似方形，平顶，北壁原塑一佛二弟子，南、北壁塑二菩萨。佛像低平螺髻，面形丰满而略见清秀，胸前有墨绘"卍"形，内着僧祇支，外披右袒袈裟。"卍"形，殊异于万字，在佛教是功德圆满、吉祥如海云集的意思。佛、菩萨胸上"卍"形为吉祥相，系三十二相之一。佛像的项光绘在壁上的位置较高，与现存佛像的情况不合，估计是坐佛在佛座残毁之后，被直接安置在坛基上，因此大大降低了高度。

117　第8窟　北壁　菩萨　隋

窟内的菩萨、弟子立像皆泥塑而成，莲台下以木楔插入坛基上凿出的孔穴，并不是一种坚牢的固定方式。此窟损坏之后，造像的位置受到扰乱，一身胁侍菩萨已毁，唐代补塑一身。图为北壁菩萨，头顶发髻和双臂已残，头与身躯的比例略大，衣褶真实自然，刀法简练，标志着艺术技巧在北朝之后的继续发展。

118　第8窟　西壁南侧　佛弟子　隋
119　第8窟　西壁北侧　佛弟子　隋

第8窟现存壁画系隋代原作。西壁正中彩绘佛项光饰火焰纹，内画坐佛七身。佛光两侧各画佛弟子四身，诸弟子前后左右呼应，动态多变化，生动、自然，呈现出活跃的气氛。壁画的弟子八人与两身弟子塑像合为窟内正壁十大弟子的内容。弟子衣饰上有精致华丽的联珠纹装饰。弟子上方为窟内环四壁上沿一周的帷幔图案装饰。

120　第8窟　北壁上部　菩萨　隋
121　第8窟　南壁上部　菩萨　隋

南、北两侧壁上部帷幔下画菩萨、弟子及菩萨项光。北壁为五菩萨、四弟子，为首菩萨居中，坐莲花上。南壁为七菩萨、六弟子，以中间一身菩萨立像为首。菩萨项光均饰火焰纹。两壁壁画合计为十弟子、十二菩萨。菩萨或坐或立，均头戴花蔓冠，缯带长垂，结合白皙的肤色、灵动的身姿，组成飘逸和秀丽的画面，是河西隋代石窟壁画的典型的意境。内容上表现的是众菩萨赴会听法的场面。

122　第8窟　北壁下部　供养人　隋
123　第8窟　南壁下部　供养人　隋

南、北壁下部画供养人行列，分上、下两列。北壁上列画男供养人十身，下列画女供养人十身。南壁上列画男供养人十一身，下列画女供养人十身。男供养人头戴巾帻或软角幞头，着圆领窄袖长袍，穿长靴，每一像前有榜题，现已漫漶。女供养人头顶以软缯束髻，披帛，着长裙，与男供养人手中皆执花枝、莲蕾，行进方向皆面朝正壁主尊。女供养人无榜题。

124　第8窟　东壁南侧　维摩诘　隋

东壁两侧壁画维摩诘经变问疾品。北侧壁画文殊菩萨。

南侧与之对称，画维摩诘居士立像，上有华盖，身后侍者跪坐，前有弟子导引。维摩诘衣饰华丽，巾带飘扬，气宇轩昂，表现出这位家财豪富、辩才无碍的佛教人物形象。

125 第8窟 南壁 菩萨 唐

窟内南壁菩萨残毁，唐代补塑一身，上身袒露，身姿健美、丰满而窈窕，现头部已毁，但造型的完美仍令人赞叹初唐匠师的技艺。

126 唐代窟龛群

位于炳灵寺崖面中段的第17龛至第88龛为唐代龛窟最集中的区域，主要开凿在初唐和盛唐，其中有排列有序的唐高宗永隆二年（公元681年）纪年龛和仪凤三年（公元678年）侍郎张楚金摩崖题记，造像精美。

127 第21龛 唐

圆券顶浅龛内雕一菩萨立像，高髻，袒上身，项饰、臂饰颇华丽，手持莲枝，净瓶，下身残，但腰部和胯部的扭动依然传神。龛外下方南侧有阴刻题记："天宝贰年……"，可知此龛修凿不晚于天宝二年（公元743年）。

128 第23龛 唐
129 第23龛 龛顶 唐

此龛尖拱形龛楣，平面马蹄形，平顶。龛内雕一佛二弟子二菩萨。佛高肉髻，着通肩袈裟，结跏趺坐于方形座上。弟子均着袈裟，立于圆形仰莲台上。菩萨持净瓶、莲枝或柳枝侍立于南北两侧壁仰莲台上。此龛虽被香火熏黑，但壁画保存较完整，均为唐代原作。壁上绘团花佛、菩萨项光及连枝莲花化佛，龛顶画佛宝盖及卷云纹，二菩萨亦皆有宝盖。

130 第24龛 唐

龛形与第23龛相仿，也有尖拱形龛楣，龛内造像亦为一佛二弟子二菩萨。主尊坐佛右手抚膝、左手托钵，善跏趺坐。菩萨、弟子均立低坛基上。二弟子一年少一年老，显然是佛教造像中随侍释迦最为常见的阿难、迦叶。龛内保存有唐代壁画，其部分受到岩壁裂隙的破坏。佛背光绘团花纹，佛光两侧和弟子、菩萨之间绘连枝莲花化佛。龛顶绘佛和菩萨的宝盖，龛顶中心画卷云纹。

131 第27龛 唐
132 第27龛 龛顶 唐

此龛形制及造像内容与第24龛完全相同，壁画火焰、团花纹背、项花，造像之间画化佛。龛顶画佛和二菩萨的宝盖，宝盖周围画流云。壁画在白地上以石绿为主调，具有唐代壁画的典型风格。

133 第28龛 唐
134 第28龛 南壁 天王、菩萨 唐
135 第28龛 北壁 菩萨、天王 唐

第28龛形式与第23、24、27等龛略同，但进深较大，两侧壁近龛口处雕二天王立像，形成一佛二弟子二菩萨二天王共七身造像的组合，佛结跏趺坐于方座上，天王脚下各踏地鬼二身，手中一托塔一执剑，应是北方天王毗沙门（多闻天）和南方天王毗琉璃（增长天）。壁画火焰纹佛、菩萨背、项光。佛、弟子之间壁面画二株连枝忍冬花树，其余壁面以花叶补白。龛顶画佛及二弟子二菩萨共五顶宝盖和呈向外放射状的卷云纹。

136 第29龛 唐
137 第29龛 龛外南侧 天王 唐
138 第29龛 龛外北侧 天王 唐

此龛尖拱形龛楣，与第23、24、27、28等龛相邻成组，形制大体相同，造像内容也相近，造像风格一致，为典型的唐代造像龛。更重要的是这几龛内都保存着当时的壁画彩绘，是炳灵寺石窟唐代壁画资料最集中的区域。此龛造像与第28龛基本相同，为一佛二菩萨二弟子二天王的组合，不同处是主尊为善跏趺坐佛，左手于腹前托钵，二天王雕在龛外两侧长方形浅龛内，且为浮雕。北侧天王手擎须弥山。南侧天王执剑，其左侧题记一行："弟子蔡如仙为亡父母敬造弥勒一龛"，由此可知龛内主尊为弥勒佛。二天王均梳高髻，着铠甲、长靴，足下踩兽首人身形地鬼。龛内佛、弟子、菩萨之间壁上画枝叶繁密的花树，龛顶画流云图案，造像均不绘伞盖，龛内粉白地上突出了绿、红二色的对比，效果鲜明。

139 第30龛 唐

在长方形浅龛内雕菩萨三尊。中间一身为立像，足踏圆形台座。左右两身菩萨均半跏趺坐于方台上，呈相对称的舒相坐形式。造像尺度虽不过在高0.5米左右，但丰满秀丽，姿态生动，是有代表性的唐代盛期的菩萨造型。

140 第31龛 唐

比龛位于第27龛下方，为长方形龛。龛内唐代雕一佛二弟子二菩萨，并排立于圆形台上。佛右手于胸前托钵。菩萨均以一手持莲蕾，另一手提净瓶或提巾带。弟子均着袈裟，内着裙。一铺造像中肃穆、喜悦、深沉、开朗，不同人物的个性特征均有鲜明的表现。

141 第34龛 唐
142 第37龛 唐
143 第38龛 唐
144 第38龛 北侧 菩萨（部分） 唐

炳灵寺石窟在唐代多凿龛造像，多则五身、七身，少则三身、一身。三身像多是一佛二菩萨，在浅龛中雕造，龛口方形，形式简炼，但艺术造型准确、生动，神韵实在不输于精工的大像。各龛之间风格大体相同，属于初唐至盛唐前期的作品。第34龛主尊为善跏趺坐佛，菩萨分立两侧圆台上，左侧（北侧）菩萨持柳枝、净瓶，右侧（南侧）菩萨持莲蕾，提巾带。整铺像雕工精致，形象秀丽。第37龛主尊為左手托鉢的結跏趺坐佛，左側菩薩執蓮枝，右側菩薩提淨瓶。第38龕主尊爲立像，半披袈裟，内着裙，与二胁侍菩薩各立于圆形台上。左側菩薩执莲枝，提净瓶，形象天真、质朴。右側菩薩双手合十于胸前。

145 第39龕 立佛（部分） 唐

此龛在周围龛群中，位置最低，为尖拱形顶浅龛，龛内仅雕一立佛，着通肩袈裟，右手胸前托鉢，宝珠形项光经彩绘，壁画可见坐佛形象。佛像凝眉沉思，刀法棱角分明。

146 第41龛 唐

此龛甚小，造像仅一菩薩，袒上身，于方形座上舒左腿半跏趺坐，手持莲枝，垂目沉思。虽然是不足30厘米的小型造像，但雕造一丝不苟，运动中的肌肉起伏和裙褶变化均以简洁的线刻和带有线刻意味的刀法准确地表现出来。这在丰富经验基础上形成的程式化的艺术手法，在此显示了令人惊叹的力量。

147 第42龛 唐
148 第44龛 唐

这两个浅龛，龛口都是正方形，造像内容完全一样，均为一佛二菩薩，佛为左手托鉢的善跏趺坐佛。造型上略有区别，第42龛造型比例稍长，第44龛比例稍短，形体更为丰肥。

149 第45龛 唐

第45龛也是一个正方形浅龛，龛内造像内容不同一般，二菩薩一坐一立。左側菩薩舒左腿半跏趺坐于束腰方座上，右手托莲蕾。右側菩薩立圆形台上，拱手于胸前，身躯扭曲具有运动感。此龛在唐代诸龛中颇显别致。

150 第47龛 唐

龛内雕一佛二菩薩，内容和格局与第42、44龛大体相同，均为唐代造像龛。

151 唐代永隆年间列龛（第49～58龛）
152 列龛南側 唐
153 第51龛 唐
154 第53龛 唐
155 第54龛 唐
156 列龛北側 唐

寺沟窟龛群中部唐代龛群的上层排列整齐的一列十个浅龛，造像风格一致，据龛下造像铭文可知开凿在唐高宗永隆二年（公元681年），为炳灵寺唐代龛像的分期断代提供了可靠的依据。十个龛中，除第53、54、56龛造一佛二菩薩外，其余七龛都是单身菩薩像。第49龛为长方形尖拱顶浅龛，造像凿出粗坯，尚未完成，但可看出是菩薩立像，高髻，上身倾侧，一手提净瓶，另一手上扬。第50、51、52龛以及第55、58龛均与此形式相仿。第51龛有题记"大

唐永隆二年／闰七月八日巡察／使典雍州醴泉／县骆弘爽敬造／救苦观世音菩／萨一躯"。第52龛亦有形式相同的题记："大唐永隆二年／闰七月八日御□／台令史蒲州河／东县张积善奉／为过往亡尊及／见存眷属一□／法界众生敬造／救苦观世音菩／萨一躯"。55龛下只刻了"河州安乡"四字。题记除记述了造龛时间和供养人之外，还指明所造像为观世音菩薩。以上诸龛虽各有残损，但可看出每身均有一手提净瓶，另一手则各执柳枝或莲枝扬起，应该都是观世音菩薩立像。只有第57龛菩薩半跏趺坐于束腰座上，形体既有残缺，又无题记可见，其具体题材尚难确知。第53、54龛主尊均为结跏趺坐佛，束腰方座，胁侍二菩薩，形式相仿。第53龛下题记"大唐永隆二年／闰七月八日巡／察使判官岐州／郿县丞轻车都／尉崔纯礼为亡／考亡姚敬造阿／弥陀佛一躯并／二菩薩"。第54龛题记"大唐永隆二年／闰七月八日陇／右道巡察使行／殿中侍御史王／玄□敬造阿弥／陀佛一躯并二／菩薩"。两处均指明主尊为阿弥陀佛。第56龛主尊为善跏趺坐佛，左手作托鉢状。据题记，这一列初唐纪年造像主要反映了对阿弥陀佛和观世音菩薩的崇拜。阿弥陀佛的胁侍也都有一身执莲枝，提净瓶，亦应视为观世音形象。据这一现象应可推知许多未见题记的唐代龛像的内容。阿弥陀佛（无量寿佛）和观世音、大势至的造像组合大量出现，说明净土思想信仰在唐代的盛行。

157 第61龛 唐
158 第61龛 南側 菩薩 唐

此龛平面马蹄形，平顶，龛内造一佛二弟子二菩薩，形制和规模与第23、24、27等龛略同，但造像艺术上更为成熟。主尊为右手捧鉢的立佛。二弟子拱手于腹前。北側菩薩右手执莲枝，左手提净瓶。南側菩薩双手合十。菩薩头梳高髻，形体丰满，动态斜敬，衣饰褶襞处理简练、生动、自然，造型有力，是唐代的杰作。龛内保存壁画。壁上绘花树、山石，沿下缘画供养人十二身，北側为男像，南側为女像，均手执莲枝跪坐地上，面佛供养。龛顶画飞天二身，红裙、飘带飞扬，翔翔在流云之间。

159 唐代佛龛群
160 第62龛 唐
161 第63龛 唐

在初唐永隆年间列龛下方，以第64龛为中心的一组佛龛，都是唐代的精湛作品。第62、63龛，都是小龛，内雕一菩薩，左手上扬执莲蕾或柳枝，右手下垂提净瓶，为观世音像。第62龛观世音菩薩像保存完好，更显得健美、富有活力。第64龛上方和第63龛北側，有唐代高宗仪凤三年（公元678年）刑部侍郎张楚金撰《灵岩寺记》一方。摩崖阴刻，共四十一行，约一千七百字，文字大半残损，已难以卒读，但可知文中盛赞灵岩寺（唐代称灵岩寺，炳灵寺是较晚的称呼）景观，并言及九月份与吐蕃的战事。这一组佛龛的开凿年代应当就在这一时期。

位于唐代仪凤三年（公元678年）张楚金题记下方的第64龛，是一长方形浅龛，龛内雕一佛二菩萨二天王。造像均有不同程度的残损，但仍显示出艺术的精美。立佛居中，高肉髻，眉宇清秀，宁静从容，双臂残断，从残痕看，原来右手托钵于腹前。二身胁侍菩萨高髻，裸上身，下着裙，披巾，形体丰满，端庄优雅，不仅在炳灵寺石窟中是最完美的雕塑作品，而且代表着中国唐代造型美的典范。北侧菩萨头部近年残落，经炳灵寺文物保管所复原。二天王均残，着铠甲、长靴，各足踏一地鬼。北侧天王脚下地鬼似不堪重负之苦，舌尖吐出；南侧天王脚下地鬼咧嘴龇牙，面部肌肉紧张。二像虽形貌丑陋，但由于富有生活气息反而惹人喜爱。

小型方形浅龛，内雕一佛二菩萨。主尊善跏趺坐须弥座上，左手托钵于腹前。二菩萨侍立于圆台上，北侧菩萨双手合十，南侧菩萨双手提巾带。此龛与第62、63、64龛均为唐代仪凤三年前后所凿造。

第3窟位于炳灵寺大寺沟窟龛群中层的南端，开凿于唐代，窟室平面方形，平顶，南壁开上下二龛，四壁壁画为明代所绘。窟室正中凿成石塔一座。塔，单层、方形盝顶。叠涩须弥塔座四沿遗留有孔眼，可知座上曾有勾栏。座正面（东面）设弧形踏道。塔身仿木构建筑，四面各分三间，正面当心间辟门，门内塔室中空，可能原来曾有造像。由塔身比例及形象，推测此塔是对于殿堂内佛帐的模仿。各柱柱头上有五铺作出双杪斗拱，承托角翘和缓的屋檐。盝顶中心为叠涩须弥座的刹座和山花蕉叶及覆钵。覆钵之上已无存。此塔整体及细部均具有初、盛唐的风格，是研究唐代建筑和佛教石窟形制的重要实物资料。这座石塔与石窟中一般所见由底直贯窟顶的中心塔柱不同，是一完整的塔形，但其含意当无异于中心塔柱，亦是绕塔回行的佛教礼仪的表现。塔身四周彩画为明代重绘。

南壁上、下各开一龛。龛内雕一佛二弟子二菩萨。上龛较小而浅。下龛较深，五尊造像中，二弟子已残毁无存，佛于正壁（南壁）方座上善跏趺坐，右手持钵，左手抚膝，双足踏覆莲，神态安详。东西两侧壁雕胁侍菩萨各一身，均高髻，袒上身，戴项圈，下着裙，足踏覆莲，西壁菩萨持莲蕾，东壁菩萨持钵，形象皆淳厚质朴。龛内壁画为后代补绘。

第3窟以北为第4窟，建于唐代，窟室平面马蹄形，平顶。正壁（西壁）居中雕一善跏趺坐佛，左手托钵，坐方形须弥座，足踏覆莲圆台。正壁两侧向南北两侧壁作弧线转折处雕二弟子立像，均拢手立圆形覆莲台上。南侧弟子为一冷峻长者，北侧弟子为一健美少年，显然是释迦弟子迦叶和阿难的形象。北壁菩萨、天王均已残毁，南壁菩萨立覆莲圆台上，身躯微微扭转，具有女性美的特征。南壁天王足踏须弥山，左手持短剑，应系南方增长天王毗琉璃形象，头部虽残，身躯动态仍表现出威武气概。此窟造像在唐代雕塑中略显修长，雕琢精湛，生动入微，服饰刻划几有丝绸的质感，是唐代造像盛期的一组优秀作品。

第72～88龛是大寺沟窟龛群中段又一批比较密集的龛群，形制均不大；最大的高不足2米，最小的高不足0.2米，小龛居多；除第74、82龛修建较早，约当北周至隋代之外，其余都是唐代龛，彼此间雕凿技法和艺术风格比较一致，故可以认为是同一时期的作品，匠师之间的师承关系也比较单一。图为第78龛，龛内雕一佛二菩萨。佛善跏趺坐，左手托钵，二菩萨侍立。龛内残存壁画除佛、菩萨背、项光外，龛顶画有缠枝莲花。

龛内雕一佛二弟子二菩萨。佛于须弥座上善跏趺坐，弟子、菩萨侍立两侧。龛壁画佛、菩萨、弟子背、项光及花树、化佛，龛顶画流云、缠枝牡丹等，大体是唐代原画形式，经明代重绘。

第88龛在这一组唐龛之中尺度最大，位于第87龛正上方。龛内雕一佛二弟子二菩萨。佛于须弥座上善跏趺坐，左手托钵。炳灵寺石窟唐代窟龛中，壁画保存最佳当推此龛，壁画艺术水平亦甚高。佛像背、项光及弟子、菩萨项光均绘团花、火焰纹。龛顶主要绘佛、菩萨的三顶宝盖。宝盖亦以变体团花纹为装饰。其余空间白地上点缀花株，龛顶中心绘流云纹。整龛装饰以红、绿、赭三色团花图案为主体，形成富丽华贵的总体效果，充分体现了唐代盛期的艺术风貌。

185 第92窟 南壁 天王(部分) 唐

此窟位于大寺沟窟龛群中段的上层,是一小窟,平面马蹄形,穹窿顶,唐代建成,造像为唐代原作,壁画经明代重绘。造像内容为一佛二弟子二菩萨二天王。西壁居中雕佛像,善跏趺坐于方形须弥座,左手托钵,双足踏莲台。佛两侧各雕一弟子立像,南侧一身头残毁。南北两侧壁各雕一菩萨一天王。菩萨慈和娴雅,在威武强项的天王衬托之下,更突出了女性美的特征。二天王分列南北两壁,一仗剑、一托塔,正是四天王天中的南方天王毗琉璃和北方天王毗沙门。南方天王足下地鬼作牛首人身,在和北壁地鬼对照之下,呈现出造型与意趣上的变化。

186 第168窟 西壁 坐佛 唐
187 第168窟 西壁 坐佛(部分) 唐
188 第168窟 西壁、北壁 佛弟子、菩萨 唐
189 第168窟 北壁 菩萨(部分) 唐
190 第168窟 西壁北侧 佛弟子(部分) 唐
191 第168窟 南壁 天王 唐

第168窟位于大寺沟窟龛群的北段,其北侧与大佛龛比邻。窟室平面方形,平顶,造像一佛二弟子二菩萨二天王。佛雕于西壁中央,善跏趺坐于方形须弥座上,右手扬掌,似说法状,面相端方,气宇轩昂。佛两侧雕二弟子。南侧弟子手执串珠。北侧弟子双手合十,浓眉深目高鼻、饱经风霜的面容和敞开的肋骨显露的前胸,以及磨炼得如许健壮的身躯、充满智慧的饱满的额头,无不表现着一位道德高深的异国高僧形象。南北两侧壁雕菩萨、天王像,北壁菩萨半跏趺坐于束腰方座上,舒左腿,与南壁菩萨相对称,造型丰满、厚重、有力,面相着重刻划了菩萨的庄严和慈祥。北壁前部崩塌,天王像已残。南壁天王保持完整,高髻,全身披甲,足踏山峦,威猛的神情和有力的动作、壮硕的躯体互相配合,形成完整统一的艺术造型。铠甲表现细腻、逼真,是唐代遗存至今的珍贵史料。

192 第171龛 唐
193 第171龛 唐

炳灵寺石窟大寺沟窟龛群北端摩崖大佛,高27米。其上方为天桥。天桥南侧为西秦第169窟,即天桥南洞。天桥北侧为第172窟建于西秦至北魏期间。天桥以下崖面,唐代凿成大佛,善跏趺坐,上半身为石雕,下半身雕凿后加泥层塑造。大佛龛前原建有多层楼阁式龛檐建筑,清代末年毁于战火,大佛也因而受到残损。宋代李远撰《青塘录》记载唐代德宗贞元十九年(公元803年)"凉州观察使薄承祧建灵岩寺大阁,附山七重,中刻山石为像,百余尺"。这是迄今所见关于大像龛凿建的最早的记载,应比较可信。可知第171龛就是当时的灵岩寺大阁。当时为七重楼阁,清代遭焚以前是九层楼阁,其间经历了上千年的倾圮和修缮,香火不曾断绝。大像龛一向引人注目,几成炳灵寺景观的标志,有关它的传说在当地乡民中传颂。关于它的修凿,相传古代有猎人追猎至此,进入大寺沟,其兽隐没林中,只见崖壁上放出五彩毫光,于是感此灵异,造大佛龛。

194 第147窟 天王(部分) 唐

第147窟是一较大的唐代洞窟,平面马蹄形,平顶,窟内原雕一佛二弟子二菩萨二天王,布局与第92、168窟等相同。因在清代穆宗同治年间(公元1862～1874年)民族纷争,窟内曾发生炸药爆炸,造像已残损,无一完整。图为残存的一个天王头部,脸上肌肉隆起,眉头纠结,双目圆睁,张口怒吼,形象勇武,令人望而生畏。

195 第150窟 唐

窟室平面马蹄形,平顶。窟内雕一佛二弟子二菩萨二天王。此窟前部崩塌,二弟子及北壁菩萨均毁。佛于束腰莲座上结跏趺坐,二菩萨侍立,南壁天王右手举山。此窟建于唐代,造像为唐代原作,壁画经元、明两代重绘。

196 第151窟 西壁北侧 佛弟子(部分) 唐

窟室平面马蹄形,平顶,造像内容与相邻的第150窟相同,建造时间亦应相近,但此窟造像均经西夏改塑或重塑。图为北壁弟子像,深目高鼻,俨然西域僧人形象。

197 第155龛 北侧 佛弟子 唐

龛平面马蹄形,平顶,唐代所建。龛内雕一佛二弟子二菩萨。佛于束腰座上结跏趺坐,弟子、菩萨侍立两侧。北侧弟子形貌丰肥,刻划出年老僧人和西域民族的形象特征,颇能传神。

198 第158龛 立佛(部分) 唐

龛平面马蹄形,平顶,龛内原雕一佛二弟子二菩萨,均系立像。现因龛前半部崩塌,二弟子及北壁菩萨已毁。主尊立佛披通肩袈裟,内着僧祇支,右手托钵,面相圆润、慈和,衣褶刻划简练,比例匀称,为唐代原作。

199 第166龛 南侧 佛弟子 唐

龛平面方形,平顶,龛内原雕一佛二弟子二菩萨,现龛顶及底部均已崩塌,仅存佛及南壁弟子、菩萨。佛结跏趺坐于圆形束腰座上,弟子、菩萨侍立。图中弟子面形圆润,神情憨厚淳朴,真切地表现出一个年轻比丘的形象。第147～168窟之间,龛窟密集排列,其位置在大佛龛南侧的寺沟窟龛群北段上层。第148、149窟之间有唐代玄宗开元十九年(公元731年)膳部郎中魏季随撰《灵岩寺记》石刻,记御使大夫崔琳率和蕃使团赴吐蕃路经此地的盛况。邻近的窟龛,应开凿在这一时期或稍晚。

200 第10窟 西壁、北壁 佛弟子、菩萨 唐
201 第10窟 南壁 菩萨 唐
202 第10窟 南壁 菩萨(部分) 唐
203 第10窟 北壁 天王(部分) 唐
204 第10窟 南壁 天王 唐
205 第10窟 南壁 天王(部分) 唐
206 第10窟 南壁 天王(部分) 唐

大寺沟窟龛群的南段，自第3窟至第11窟排成一列，共九窟，与其它崖面以龛为主不同。这些石窟除第6窟建于北周、第8窟建于隋之外，都是唐窟。第10窟平面马蹄形，平顶，正壁雕一佛二弟子，南、北侧壁各雕一菩萨一天王。佛左手托钵，结跏趺坐于束腰方座上，头已残毁。南侧弟子已残。北侧弟子为少年比丘形象，聪慧俊雅。北壁菩萨高髻，神态肃穆、娴静，似在低头沉思。南壁菩萨合十而立，神情乐观恬静，宛若人间真率、质朴、健美的年青女子。南北两壁的天王造像均立方台上。北壁天王攒拳运劲，体魄雄健，不怒而威。南壁天王双手相叠，拄剑而立，威猛有力，是典型的西域武士造型。这是炳灵寺石窟最富有艺术感染力的一身天王造像。此窟造像，表现手法纯熟、简炼，整体感强，是唐代雕刻艺术的代表性作品。窟内保存壁画。正壁佛背光两侧彩绘宝树。南、北壁画佛弟子、化佛，两壁外侧明代画坐佛。窟顶中央彩绘莲花图案，莲花内画动物形象，莲花周围画四飞天及天花。

207　唐代佛龛群
208　第12龛　唐

第12龛至第15龛似为中晚唐佛龛，艺术造型上已较少盛期的活力。第12龛是其中比较感人的一龛，作三个人字拱顶并列的三联形式，雕二菩萨一弟子。二菩萨均手提净瓶，或为观世音菩萨像。内容的组合颇为特殊。此龛雕凿粗率，人物造型也显呆滞，但面相和神情仍觉生动，尤其弟子和右侧（东侧）菩萨，细微处刻画出弟子的憨厚天真和菩萨的端庄文静。

209　第13龛　唐
210　第25、26龛　唐
211　第48龛　唐

大寺沟窟龛群中段的上层和南段，有一些只雕单身立像的佛龛，大多高在2.5米以上，在整体布局上颇引人注目。龛形都是尖拱顶，进深较浅。第13龛形制较小，高仅1.40米，立佛左手于胸前握衣带。第25、26龛并列，二身造像没有差别；龛内保存彩绘，除圆形项光之外，还有壁画弟子、坐佛等。第48龛未见彩绘。四身佛像均立于仰莲台上。这些佛像造型完整，雕琢准确细腻，表现出石雕技艺的成熟，但由于缺少创作的热情，形象趋于呆滞，应是唐代盛期以后，或许是中、晚唐的作品。

212　第134窟　南壁　供养比丘　唐
213　第134窟　西壁北侧　供养菩萨　唐

第134窟位于大寺沟窟龛群中段北侧，平面马蹄形，高坛基。正壁（西壁）塑一佛二菩萨；佛于方座上结跏趺坐。二菩萨侍立。二菩萨外侧各置一泥塑结跏坐佛，尺度较小。南、北壁各塑一立像。正壁坛基下画供养比丘，北壁画菩萨，窟顶前部画千佛，均为早期原作。此外，正壁坛基之上绘佛背光、项光，两侧画文殊骑狮、普贤乘象及四方赴会菩萨、弟子，南壁西侧画供养比丘，窟前部壁上画千佛，均系唐代所作。坛基所画供养比丘十九身，各有题名。据

这些众多的题名和早期壁画以及塑像题材，可知此窟大约初建于北周，至少不会晚过隋代，后来经过唐代重塑、重绘。图为约在唐代晚期重绘的供养比丘和赴会菩萨。

214　第46龛　坐佛　西夏

此龛在大寺沟窟龛群中段唐代龛群之中，原建于唐代，平面马蹄形，龛内原雕一佛二弟子二菩萨，现仅存北侧菩萨。正中后代补塑坐佛一身，结跏趺坐，双手相叠于腹前作禅定印，上身瘦长、腰细，斜披巾带，造型特点与唐代迥异，据认为是西夏作品。塑像以木板为底座，置于原石雕佛座的座基之上，也有可能是从别处移来。

215　唐代佛龛和浮雕石塔
216　浮雕石塔　北宋──清
217　浮雕石塔　北宋──清

大寺沟窟龛群北段中层崖面上比较集中地分布着几处浮雕石塔群。塔的高度约在1～2米之间，依其形象可分为两种类型。一种属于喇嘛塔，共十座，比例上显得瘦高，这一特征表明时代可能晚至清代。另一种是仿木结构的单层塔，共十五座，有仰、覆莲须弥座，座下有圭脚，汉式屋顶角翘甚高，有的在正脊刻有吻兽，这些，都显示出宋代或更晚时代的特征。这种塔屋顶以上部分同喇嘛塔的上部几乎完全相同，反映了汉藏建筑式样的融合。相轮比例有的略显粗短，大多趋于瘦高，有明、清两代的特征。在塔群中间有北宋徽宗政和二年（公元1112年）洮西守将何灌等"晨发郡城绝冰河尽灵岩胜概乃还"题记一方，应与这些佛塔的雕刻时间有一定的关系。浮雕塔群的形成或应起于北宋，迄于明清。明清两代，炳灵寺一带显然盛行喇嘛教。所有浮雕石塔的塔身都开有方形小龛，是厝藏僧人骨灰的地方，因而这些塔都是墓塔（舍利塔），这种做法在佛教传入中国之后不久即已实行。

218　第168窟　南壁　菩萨　明
219　第3窟　南壁　菩萨　明
220　第3窟　北壁　菩萨　明
221　第3窟　西壁　喜金刚　明
222　第3窟　南壁　菩萨　明
223　第3窟　西壁　佛教故事　明
224　第3窟　西壁　佛教故事　明

建于唐代的第3窟和第168窟，窟内保存唐代造像，但壁画已全部为元代和明代（主要是明代）所重绘。壁画内容皆属佛教密宗，如佛、菩萨、金刚、护法神等。第168窟窟顶画曼荼罗，四壁残存壁画唯南壁保存较好。图版218为画在南壁天王项光西侧的菩萨像，戴宝冠，三面、八臂、细腰，着短裙，手中分别执金刚杵、弓、箭等法器，结跏趺坐于莲花之上。第3窟窟顶泥层脱落，四壁满绘明代壁画。图版219为画在南壁下层龛东上方的菩萨像，戴宝冠披巾，着短裙，双手各执一长茎莲花，结跏趺坐于方形覆莲座上。此图西侧相邻的菩萨像（图版222），与第168窟八臂菩萨像样式相仿，所执法器大体相同。西壁最上层一排九身画像，

南起第一至七身皆为坐佛。图版221为第八、九两身，均为双身喜金刚。西壁上数第二层为一排尺度较小的坐佛，计二十四身。第三层为两铺大型壁画。北侧一铺以菩萨为主像，周围以方格排列画面铺陈经变内容，每一方画面表现一修行僧人或罗汉尊者的故事。图版223、224为上缘一排五方画面中南起第三、四连续的两方。前者披风帽，作禅定印，结跏趺坐于石窟中束腰石座上，座侧有二裸身童子奉桃供养，并有一鹿回首作亲近状。窟外数株修竹以示环境清幽。后者为一状貌威猛的僧人，着半披肩袈裟，左手握金刚杵，右手托钵，舒右腿，半跏趺坐于束腰石座上，背后云气笼罩。身旁一侍者持一瓶，瓶中出一龙乘云腾空。近处画山石树木。图版220为北壁西侧一铺大型壁画的右侧部分。画面正中为结跏趺坐佛，左右两侧二菩萨胁侍，并有多种动物形象。图中菩萨衣饰繁缛华丽，巾带飘拂，双手各执一长茎莲花，线描富于变化，表现力强，显示出明代人物画的高度造诣。图中动物有狮、象和独角兽等。炳灵寺石窟明代出现大量密宗内容壁画，说明藏传佛教对于河陇地区的巨大影响，以及在艺术上与中原传统形式的融合。

225 第70窟 十一面观音 明

此窟平面方形，穹窿顶，建于唐代，但窟内造像原作已毁，现存四壁表层明代密宗壁画，窟中央偏后圆形台上塑十一面观音立像。十一面观音为密宗六观音之一，见于北周耶舍崛多译《十一面观世音神咒经》、唐玄奘译《十一面神咒心经》、唐不空译《十一面观自在菩萨心密言念诵仪轨经》。此像十一面（头）层层相叠高耸如塔状，八臂，袒上身，披巾，下着裙，衣饰华丽，塑造精工，给人以华贵、崇高之感。这是炳灵寺石窟中保存下来的少数明代造像中最具有代表性的作品。明代在这里的营造，主要是对壁画进行重绘，造像较少，一般不过是对原造像进行妆修。大寺沟窟龛群以外，明代还在上寺和洞沟等处建窟、造像和绘壁，一直延续到清代。但总的来说，唐代以后，炳灵寺石窟的发展日趋衰微了。

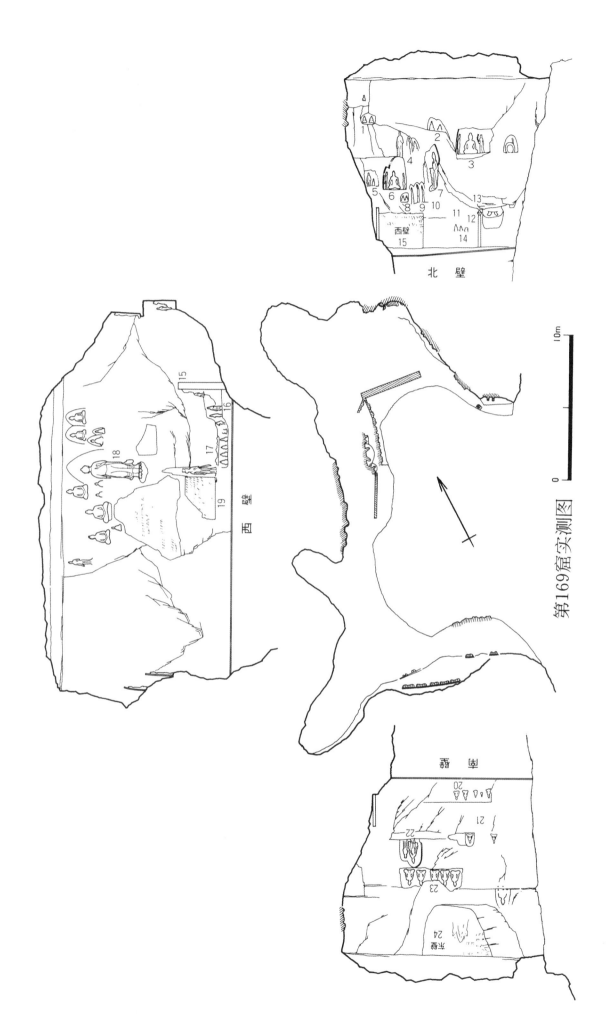

第169窟実測図

0   2 m

第126窟实测图

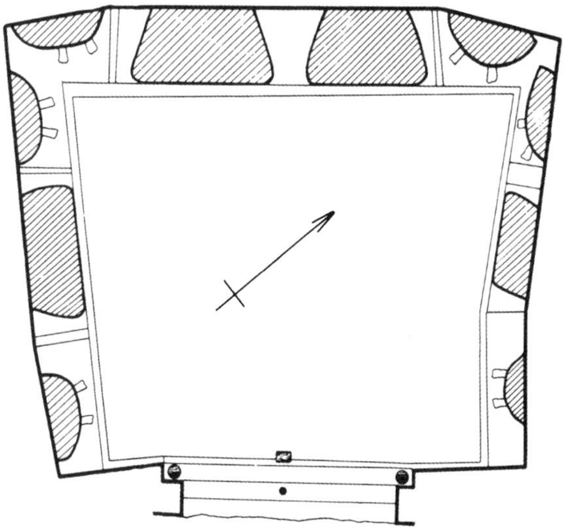

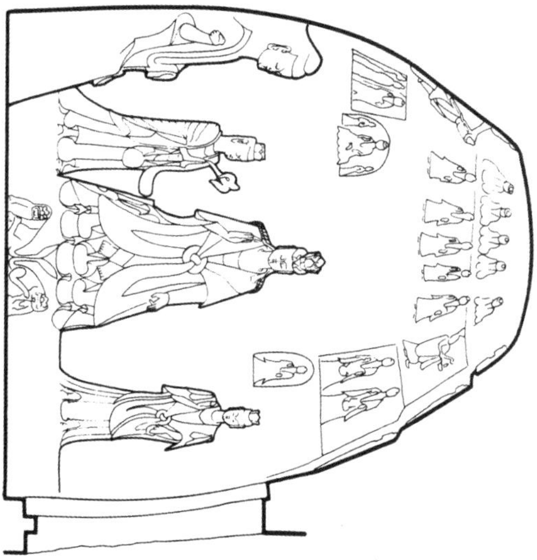

0   2 m

第3窟实测图

0   1m

第4窟实测图

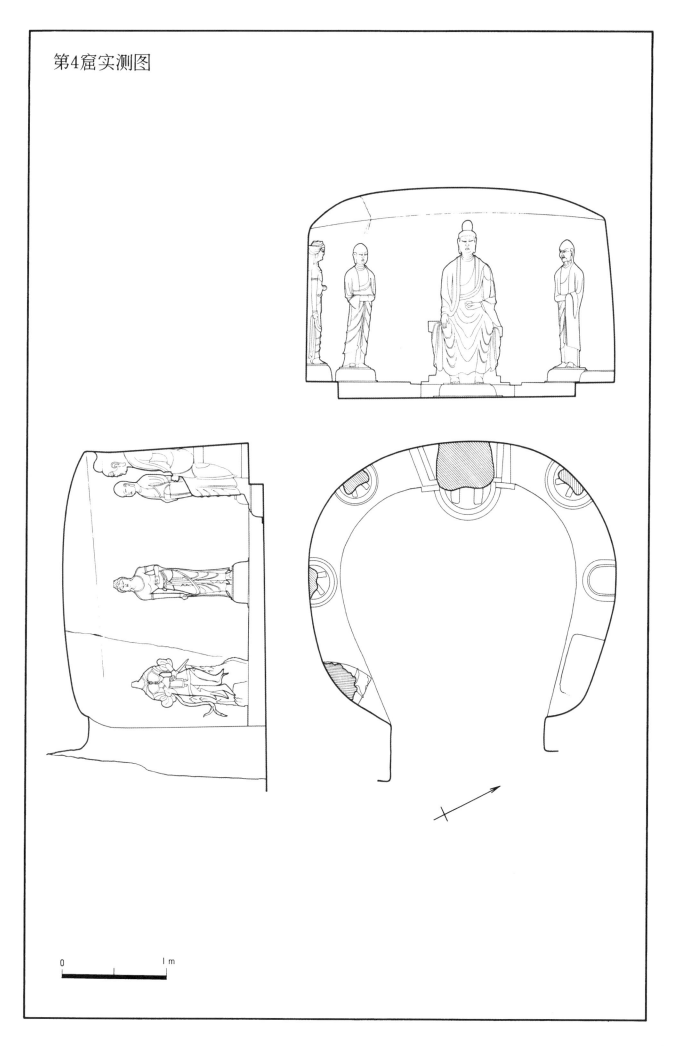

0　　　　　　1m

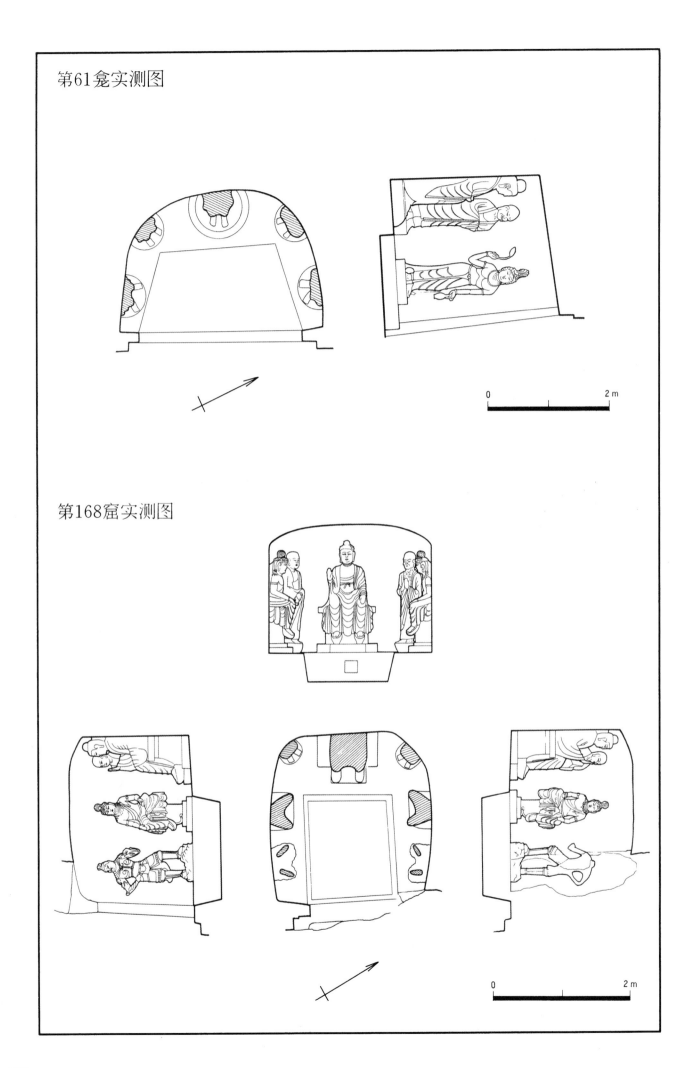

第61龛实测图

第168窟实测图

0   2 m

0   2 m

永靖炳灵寺大事年表

张宝玺　黄文昆编

公元前156～141年	西汉	前元元年一后元三年	乙酉一庚子	西汉景帝时，研种羌人内附，求守陇西塞，遂徙居于逃道、安故，至临洮、氐道、羌道等县。（《后汉书》卷八十七《西羌传》）
公元前121年	西汉	元狩二年	庚申	骠骑将军霍去病率军出陇西，北击匈奴，筑令居塞，隔绝羌与匈奴相通之路，自此初开河西四郡。（《汉书》卷六《武帝纪》、卷九十四《匈奴传》、《后汉书》卷八十七《西羌传》）
公元前112年	西汉	元鼎五年	己巳	先零、封养羌与匈奴通使，攻安故，围枹罕。次年冬十月，汉遣将军李息、郎中令徐自为将军击平之，始置护羌校尉。（《汉书》卷六《武帝纪》、《后汉书》卷八十七《西羌传》）
公元前81年	西汉	始元六年	庚子	取天水、陇西、张掖各二县置金城郡，辖允吾、浩亹、令居、枝阳、金城、榆中、枹罕、白石、河关、破羌、安夷、允街、临羌。（《汉书》卷七《昭帝纪》、卷二十八《地理志》）
公元前61年	西汉	神爵元年	庚申	先零与诸羌种豪解仇结盟，渡湟水，遣使至匈奴，欲击鄯善、敦煌以绝汉道。汉集大军于金城，夏四月，遣后将军赵充国将兵。十二月，击破先零，罢兵，充国留陇西屯田。次年，置金城属国以处降羌。（《汉书》卷八《宣帝纪》、卷六十九《赵充国传》、《资治通鉴》卷二十五、二十六）
公元35年	东汉	建武十一年	乙未	马援为陇西太守，击先零羌，置长吏，缮城郭，起坞候，开沟洫，劝以耕牧，又招抚塞外氐、羌皆来降附。（《后汉书》卷一《光武帝纪》、《资治通鉴》卷四十二）
公元37年	东汉	建武十三年	丁酉	省金城入陇西郡，枹罕属陇西郡。（《后汉书》志第二十三《郡国志》、《元和郡县志》卷三十九）
公元107～117年	东汉	永初元年一元初四年	丁未一丁巳	先零羌反，断陇道，破城邑，侵及河内，车骑大将军邓骘败北。中郎将护羌校尉任尚击破平之。（《后汉书》卷五《安帝纪》、《资治通鉴》卷四十一、四十二、四十三）
公元205年	东汉	建安十年	乙酉	秦州刺史遣成光子从鸟鼠山度铁桥而入，穷于达嘅。旋归之日，还践前途。（《释迦方志》卷下《游履篇》）
公元214年	东汉	建安十九年	甲午	陇西宋建聚众枹罕，自称河首平汉王，改元，置百官三十余年。十月，曹操遣将夏侯渊讨宋建于枹罕，获之。渊别遣张郃等渡河入小湟中，河西诸羌皆降，陇右平。（《后汉书》卷九《献帝纪》、《三国志》卷一《魏书·武帝纪》、《资治通鉴》卷六十七）
公元255年	魏	正元二年	乙亥	蜀卫将军姜维屡出陇西，不克。是年八月，维将数万人至枹罕，趋狄道，破魏雍州刺史王经。魏长水校尉邓艾、征西将军陈泰并力拒维。九月，维遁走。（《三国志》卷四《魏书·三少帝纪》、《资治通鉴》卷七十六）
公元265～274年	西晋	泰始元年一十年	乙酉一甲午	泰始初，鲜卑乞伏祐邻率户五千屯于夏缘，与鹿结部相攻，胜之，尽并其众，因居高平川①。祐邻死后，其子结权立，徙于牵屯山②。（《晋书》卷一百二十五《乞伏国仁载记》）
公元290～306年	西晋	永熙元年一光熙元年	庚戌一丙寅	晋惠帝立枹罕护军。（《元和郡县志》卷三十九）

公元301～302年	西晋	永宁元年 一二年	辛酉一壬戌	张轨为凉州刺史,分西平界置晋兴郡统晋兴、枹罕、永固、临津、临鄣、广昌、大夏、遂兴、罕唐、左南等县。 (《晋书》卷十四《地理志》)
公元307～313年	西晋	永嘉元年 一七年	丁卯一癸酉	吐谷浑先附阴山,值永嘉之乱,始度陇而西止于枹罕及甘松③,于洮水西南极白兰④数千里逐水草,游牧而居。 (《晋书》卷九十七《四夷传》、《魏书》卷一百一《吐谷浑传》)
公元324年	东晋	建兴十二年⑤	甲申	拜张骏大将军凉州牧西平公,骏尽有陇西之地。次年春,凉州将辛晏据枹罕以降,骏复收河南之地。 (《晋书》卷八十六《张骏传》、《资治通鉴》卷九十三)
公元327年	东晋	建兴十五年⑥	丁亥	张骏遣金城太守张阆、枹罕护军辛晏等攻掠前赵秦州诸郡。刘曜遣刘胤将兵击溃之。张阆、辛晏率众降赵,张骏遂失河南之地。 (《晋书》卷一百三《刘曜载记》、《资治通鉴》卷九十三)
公元329年	前赵	光初十二年	己丑	九月,后赵灭前赵。初,鲜卑乞伏述延(结权孙)降鲜卑莫侯众,因居苑川⑦。时述延死,子傉大寒立,迁于麦田山⑧。 (《晋书》卷七《成帝纪》、卷一百二十五《乞伏国仁载记》、《资治通鉴》卷九十四)
公元330年	东晋	建兴十八年⑨	庚寅	张骏因前赵之亡,复收河南之地,至于狄道,置五屯护军,与后赵分境。六月,赵拜骏为凉州牧。 (《晋书》卷七《成帝纪》、卷八十六《张骏传》、《资治通鉴》卷九十四)
公元344年	东晋	建兴三十二年⑩	甲辰	张骏以州界辽远,分州东界兴晋⑪、金城、武始、南安、永晋、大夏、武成、汉中八郡⑫为河州,以张瓘为刺史,分州西界敦煌等三郡为沙州,假凉王,督凉、河、沙三州;又于姑臧城南筑城,起谦光殿,画以五色,饰以金玉,穷尽珍巧。 (《晋书》卷十四《地理志》、卷八十六《张骏传》、《元和郡县志》卷三十九)
公元347年	东晋	建兴三十五年⑬	丁未	后赵先取金城、大夏,是岁遣凉州刺史麻秋攻枹罕,不克。五月,又使石宁、麻秋等伐凉州,张重华使将军牛旋御之,退守枹罕。九月,枹罕护军李逵降于赵,自河以南氐、羌皆附于赵。 (《晋书》卷八《穆帝纪》、《资治通鉴》卷九十七)
公元353年	东晋	建兴四十一年⑭	癸丑	十一月,张重华卒,世子曜灵立,重华兄张祚辅政。十二月,废曜灵,立祚。次年正月,祚称凉王,改元和平。 (《晋书》卷八《穆帝纪》、《资治通鉴》卷九十九)
公元355年	前凉	和平二年	乙卯	河州刺史张瓘治枹罕,七月起兵废张祚;九月,立曜灵弟玄靓。陇西人李俨据郡,用东晋年号。 (《晋书》卷八《穆帝纪》、卷八十六《张骏传》、《资治通鉴》卷一百)
公元363年	前凉	升平七年⑮	癸亥	七月,张骏少子张天锡杀玄靓自立。玄靓之年,河州西北五十里建唐述谷寺⑯。 (《晋书》卷八《哀帝纪》、《法苑珠林》卷三十九)
公元366年	前凉	升平十年	丙寅	沙门乐僔于敦煌鸣沙山始建莫高窟。(《李克让修莫高窟佛龛碑》⑰)
公元367年	前凉	升平十一年	丁卯	前秦辅国将军王猛等大破张天锡于枹罕,以彭越为凉州刺史镇枹罕。 (《晋书》卷八《海西公纪》、《资治通鉴》卷一百一)
公元371年	前秦	建元七年	辛未	八月,前秦以李俨为河州刺史,镇武始。九月,俨卒,以

				其子辩为河州刺史，领兴晋太守，还镇枹罕。是岁，乞伏傉大寒子司繁降于秦。（《晋书》卷一百二十五《乞伏国仁载记》、《资治通鉴》卷一百三）
公元376年	前秦	建元十二年	丙子	前秦攻灭前凉，虏张天锡，尽有其地。乞伏司繁卒，子国仁立。（《晋书》卷九《孝武帝纪》、卷八十六《张天锡传》、《资治通鉴》卷一百四）
公元385年	前秦	太安元年	乙酉	乞伏国仁自称大都督、大将军、大单于，领秦河二州牧，建元建义，置武城、苑川等十二郡，筑勇士城而都。时前秦河州刺史毛兴等皆进位州牧。（《晋书》卷九《孝武帝纪》、卷一百二十五《乞伏国仁载记》、《资治通鉴》卷一百六）
公元386年	前秦	太安二年	丙戌	王广攻枹罕，河州牧毛兴遣将卫平夜袭破之。兴复欲伐王统于上邽，枹罕诸氐厌苦兵事，乃共杀兴，推卫平为河州刺史。七月，以卫平年老，推苻登为雍河二州牧，率军东下攻后秦南安。及苻丕死，登即位，改元太初。（《晋书》卷一百十五《苻丕载记》、《资治通鉴》卷一百六）
公元388年	前秦	太初三年	戊子	六月，乞伏国仁卒，弟乾归嗣位，号河南王，改元太初，以屈眷为河州牧。九月，迁都金城。此后东晋沙门圣坚行化达于河南国，为乾归译佛经十四部二十一卷。（《晋书》卷九《孝武帝纪》、《资治通鉴》卷一百七、《历代三宝纪》卷九）
公元389年	西秦	太初二年	己丑	十一月，枹罕羌彭奚念附于乞伏乾归,为北河州刺史[18]。（《资治通鉴》卷一百七）
公元392年	后凉	麟嘉四年	壬辰	吕光击彭奚念于枹罕，克之。（《晋书》卷一百二十二《吕光载记》）
公元394年	西秦	太初七年	甲午	乞伏乾归灭氐王杨定，杀前秦王苻崇，尽有陇西、巴西之地，自称秦王。（《晋书》卷一百二十五《乞伏乾归载记》、《资治通鉴》卷一百八）
公元395年	西秦	太初八年	乙未	西秦王乾归迁于苑川西城。（《资治通鉴》卷一百八）
公元397年	西秦	太初十年	丁酉	春，后凉伐西秦，天水公吕延以枹罕之众攻临洮，武始、河关、克之。乞伏乾归奔成纪，延追之，战死，其司马耿稚等收散卒还屯枹罕。六月，乾归征北河州刺史彭奚念为镇卫将军，以镇西将军屋弘破光为河州牧，定州刺史翟温为兴晋太守，镇枹罕。（《资治通鉴》卷一百九）
公元399年	西秦	太初十二年	己亥	沙门法显与慧景、道整、慧应、慧嵬等发迹长安，西行求法，度陇至西秦夏坐，坐讫往南凉。（《法显传》[19] ）
公元400年	后秦	弘始二年	庚子	后秦姚兴伐西秦，进军枹罕。八月，乞伏乾归南奔枹罕，降于后秦，至长安。兴以乾归为都督河南诸军事、河州刺史，次年春还镇苑川。（《晋书》卷一百二十五《乞伏乾归载记》、《资治通鉴》卷一百一十一）
公元401年	后秦	弘始三年	辛丑	北凉沮渠蒙逊自号大都督、凉州牧，改元永安。蒙逊之世，于州南百里，或石或塑兴建凉州石窟。（《晋书》卷十《安帝纪》、《法苑珠林》卷十三、《集神州三宝感通录》卷中）
公元402年	后秦	弘始四年	壬寅	后秦以乞伏炽磐为兴晋太守。（《晋书》卷一百二十五《乞伏乾归载记》）
公元403年	后秦	弘始五年	癸卯	沙门道融[20] 闻鸠摩罗什在关中，往而从之，姚兴敕入逍

225

				遥园参正详译，与罗什共相提挈，发明幽致。（《高僧传》卷六、《魏书》卷一百一十四《释老志》）
公元405年	后秦	弘始七年	乙巳	秦王兴以鸠摩罗什为国师，奉之如神，命译经，大营塔寺，州郡事佛者十室而九。姚兴之世，凿麦积山而修石窟。（《资治通鉴》卷一百一十四、《方舆胜览》卷六十九）
公元408年	南凉	嘉平元年	戊申	去年，河州刺史彭奚念叛，降于南凉，后秦以乞伏炽磐行河州刺史。是岁十月，炽磐招结诸部筑城于嵻崀山而据之，十二月攻枹罕，为奚念所败而还。次年二月，破奚念，克枹罕，炽磐镇之，徙都度坚山㉑。（《晋书》卷一百二十五《乞伏乾归载记》）
公元409年	西秦	更始元年	己酉	七月，乞伏乾归复即秦王位，改元。十月，以屋引破光为河州刺史，镇枹罕。（《资治通鉴》卷一百一十五）
公元412年	西秦	更始四年	壬子	去年十二月，西羌彭利发袭据枹罕。是岁正月，乞伏乾归克枹罕，以乞伏审虔为河州刺史镇之。六月，乞伏公府杀乾归，炽磐帅文武及民二万余户迁于枹罕。八月，炽磐即位，改元永康。（《晋书》卷一百二十五《乞伏乾归载记》、《资治通鉴》卷一百一十六）
公元414年	西秦	永康三年	甲寅	夏，西秦攻灭南凉，诸城皆降。（《资治通鉴》卷一百一十六）
公元416年	西秦	永康五年	丙辰	四月，西秦破后秦秦州刺史姚艾于上邽，徙其民五千余户于枹罕。（《资治通鉴》卷一百一十七）
公元417年	西秦	永康六年	丁巳	九月，东晋太尉刘裕克长安，灭后秦。（《资治通鉴》卷一百一十八）
公元418年	西秦	永康七年	戊午	十一月，夏赫连勃勃大败东晋刘义真于青泥北，遂据长安。十二月，西秦徙上邽民五千余户于枹罕。此际，释玄高自关中杖策西秦，隐居麦积山，山学百余人，有长安沙门昙弘及秦地高僧隐在此山，与高相会，以同业友善。时乞伏氏于枹罕河峡作飞桥，高五十丈㉒，崖傍已有唐述、时亮二窟，时亮窟藏书五笥。（《晋书》卷十《安帝纪》、《资治通鉴》卷一百一十八、《高僧传》卷十一、《水经注》卷二）
公元420年	西秦	建弘元年	庚申	三月二十四日，炳灵寺今第169窟中造无量寿佛龛㉓，龛侧壁画供养人题名"□国大禅师昙摩毗之像"、"比丘道融之像"等。六月，东晋亡，为宋武帝刘裕永初元年。是年昙无竭招集沙门僧猛等二十五人，发迹北土，远适西方，初至西秦，仍出海西郡，往天竺求经越二十年。此际，外国禅师昙无毗来入西秦，玄高率众从毗受法。寻有河南二僧谗构玄高，乃摈高往唐述山㉔，高徒众三百住居山舍。后法师昙弘自岷蜀专诚来西秦，为高申其清白，乞伏炽磐乃遣使请高还邑，奉为国师。高弟子陇西人玄绍，后复入唐述山中而逝。（《晋书》卷十《恭帝纪》、《贞元新定释教目录》卷八、《高僧传》卷十一）
公元424年	西秦	建弘五年	甲子	吐谷浑王阿柴卒，慕璝立，招集秦、凉亡业之民，南通蜀汉，北交凉州、赫连，部众转盛。（《魏书》卷一百一《吐谷浑传》、《资治通鉴》卷一百二十）
公元426年	西秦	建弘六年	丙寅	乞伏炽磐伐河西，沮渠蒙逊御之，且遣使说夏主乘虚袭枹

226

				罕。炽磐引归。九月，夏将韦伐拔南安。十一月，夏将呼卢古入枹罕南城，西秦镇京将军赵寿生力战却之。十二月，北魏军入长安。 （《资治通鉴》卷一百二十）
公元428年	西秦	建弘八年	戊辰	五月，乞伏炽磐卒，太子暮末即位，改元永弘。北凉沮渠蒙逊因秦丧，伐秦。明年六月，蒙逊子兴国围枹罕，攻定连，暮末逆击擒之，追击蒙逊至谭郊。蒙逊恚恨事佛无灵，令毁塔寺斥遂道人。 （《资治通鉴》卷一百二十一、《法苑珠林》卷十三）
公元430年	西秦	永弘三年	庚午	北魏西进平凉。十月，西秦乞伏暮末为北凉所逼，请迎于魏，焚城邑，毁宝器，率众东如上邽，夏主发兵拒之，暮末留保南安，其故地皆入于吐谷浑。 （《资治通鉴》卷一百二十一）
公元431年	吐谷浑	慕璝八年	辛未	正月，夏兵攻南安，乞伏暮末出降，西秦亡。六月，夏赫连定北袭沮渠蒙逊，为吐谷浑慕璝所执，夏亡。八月，北魏以慕璝为大将军，西秦王。 （《魏书》卷四《世祖纪》、《资治通鉴》卷一百二十二）
公元432年	吐谷浑	慕璝九年	壬申	魏主诏许吐谷浑自取所收金城、枹罕、陇西之地。魏遣使迎沙门玄高入平城，命太子晃师事之。 （《魏书》卷一百一《吐谷浑传》、《高僧传》卷十一㉕ ）
公元439年	吐谷浑	慕利延四年	己卯	六月，刘宋改封陇西王慕利延为河南王。九月，北魏太武帝拓跋焘统兵破姑臧，北凉亡。慕利延闻之惧，率部西遁沙漠，北魏遣使抚谕之，乃还故地。酒泉人沙门慧览，少与玄高俱以寂观见称，曾游西域，于罽宾从达摩比丘咨受禅要，此际经于阗东归，路由河南，慕利延世子琼等礼敬之。 （《宋书》卷五《文帝纪》、《魏书》卷四《世祖纪》、卷一百一《吐谷浑传》、《资治通鉴》卷一百二十三、《高僧传》卷十一）
公元445年	北魏	太平真君六年	己酉	去年冬，北魏晋王伏罗大破吐谷浑，慕利延奔白兰。夏四月，天水公封敕文击利延子什归于枹罕。八月，封敕文入枹罕，分徙千家还上邽，慕利延西入于阗国。留安远将军乙乌头守枹罕，乃置枹罕镇。 （《魏书》卷四《世祖纪》、卷一百一《吐谷浑传》、卷一百六《地形志》、《元和郡县志》卷三十九、《资治通鉴》卷一百二十四）
公元446年	北魏	太平真君七年	丙戌	三月，北魏太武帝诏诸州禁佛，坑沙门，毁佛像。是岁，吐谷浑复还旧土。 （《魏书》卷四《世祖纪》、卷一百一《吐谷浑传》）
公元452年	北魏	正平二年	壬辰	二月，北魏太武帝卒，改元承平。太武帝晚年，佛禁稍弛。十月，文成帝拓跋濬立，改元兴安。十二月，诏诸州郡县于众居之所各听建佛图一躯，民欲为沙门者听其出家。所毁塔寺，仍还修复。 （《魏书》卷四《世祖纪》、卷五《高宗纪》、卷一百一十四《释老志》）
公元460年	北魏	和平元年	庚子	北魏诏昙曜为沙门统，文成帝奉以师礼。曜请于平城西武州山北崖开窟五所，镌佛像各一㉖ 。 （《魏书》卷一百一十四《释老志》、《续高僧传》卷一）
公元471年	北魏	延兴元年	辛亥	十月，沃野、统万二镇敕勒叛魏，魏陇西王源贺追击至枹罕，灭之。 （《魏书》卷七《高祖纪》）

公元480年	北魏	太和四年	庚申	正月，洮阳羌叛魏，枹罕镇将讨平之。（《魏书》卷七《高祖纪》）
公元486年	北魏	太和十年	丙寅	正月，魏朝会始服衮冕；四月，始制五等公服；是岁分置州郡，凡三十八州，改枹罕镇为河州，治枹罕㉗。（《魏书》卷七《高祖纪》、《北史》卷三《魏本纪》、《资治通鉴》卷一百三十六）
公元488年	北魏	太和十二年	戊辰	九月，比丘慧成于洛阳南伊阙山古阳洞中为亡父洛州刺史始平公造石像一龛。龙门石窟始建于此际。（《比丘慧成造像记》㉘）
公元491年	北魏	太和十五年	辛未	五月，魏枹罕镇将长孙百年讨吐谷浑所置洮阳、泥和二戍，克之。（《魏书》卷七《高祖纪》）
公元494年	北魏	太和十八年	甲戌	北魏孝文帝元宏自平城迁都洛阳。（《魏书》卷七《高祖纪》）
公元509年	北魏	永平二年	己丑	魏泾州刺史奚康生于泾州北建北石窟寺，明年四月，建南石窟寺。时佛教盛于洛阳，西域沙门来者三千余人，由是远近承风，州郡共有一万三千余寺。（《南石窟寺之碑》㉙、《资治通鉴》卷一百四十七）
公元513年	北魏	延昌二年	癸巳	六月，魏大夏郡武阳部郡本国中政曹子元在炳灵寺造窟一所㉚。
公元515年	北魏	延昌四年	乙未	魏鄯善镇铠曹椽智南郡书干陈雷子等在炳灵寺题名㉛。
公元518年	北魏	神龟元年	戊戌	七月，魏河州羌却铁忽聚众自称水池王。八月，铁忽诣行台源子恭降。十一月，魏胡太后遣使者宋云、比丘惠生向西域求佛经，越赤岭而西。（《魏书》卷九《肃宗纪》、《洛阳伽蓝记》卷五、《资治通鉴》卷一百四十八）
公元525年	北魏	孝昌元年	乙巳	十月，魏平西将军高徽奉使嚈哒还，至枹罕，会河州刺史元祚卒，前刺史梁钊之子景进引莫折念生兵围城，众推徽行州事，勒兵固守，请兵吐谷浑解之。（《资治通鉴》卷一百五十）
公元527年	北魏	孝昌三年	丁未	魏遣郦道元为关右大使，遂为雍州刺史萧宝夤所害。道元生前著《水经注》，记唐述谷中多石室，"怀道宗玄之士、皮冠净发之徒，亦往栖托焉"。（《魏书》卷五十九《萧宝夤传》、卷八十九《郦道元传》）
公元530年	北魏	永安三年	庚戌	四月，魏雍州刺史尔朱天光讨平万俟丑奴、萧宝夤，七月讨平王庆云、万俟道洛，于是三秦、河、渭、瓜、凉、鄯州皆来款顺。十一月，天光进爵陇西王。（《魏书》卷十《孝庄纪》、卷十五《尔朱天光传》）
公元535年	西魏	大统元年	乙卯	去年闰十二月，魏孝静帝元善见遇酖而卒。正月，文帝元宝炬即位，是为西魏。十二月，以河州刺史梁景叡为太尉。（《北史》卷五《魏本纪》）
公元557年	北周	闵帝元年	丁丑	去年十二月宇文护以魏恭帝拓跋廓诏禅位于周。正月，周公宇文觉即位，即北周闵帝。终魏世，佛经大集中国，凡四百一十五部，合一千九百一十九卷，僧尼大众二百万，其寺三万余。（《魏书》卷一百一十四《释老志》、《周书》卷三《孝闵帝纪》）
公元559年	北周	明帝三年	己卯	去年十月，周遣柱国尉迟迥镇陇西。二月，迥在武山拉梢

| 公元574年 | 北周 | 建德三年 | 甲午 | 寺造释迦牟尼佛摩崖像⑫。 （《周书》卷四《明帝纪》）

五月，周武帝宇文邕禁佛、道二教，经像悉毁，罢沙门、道士，并令还俗。时沙门靖嵩等三百人逃往南朝。（《周书》卷五《武帝纪》、《续高僧传》卷十二） |
公元577年	北周	建德六年	丁酉	二月，北周灭北齐。六月，于河州鸡鸣防置旭州。 （《周书》卷六《武帝纪》、《资治通鉴》卷一百七十三）
公元580年	北周	大象二年	庚子	六月，周复行佛、道二教，旧沙门、道士精志者，简令入道。 （《资治通鉴》卷一百七十四）
公元581年	北周	大定元年	辛丑	二月，北周静帝宇文衍禅位于隋，改元开皇。十二月，隋文帝杨坚诏境内之民任听出家，仍令计口出钱，营造经像。（《周书》卷八《静帝纪》、《资治通鉴》卷一百七十五）
公元583年	隋	开皇三年	癸卯	枹罕郡废。 （《隋书》卷二十九《地理志》）
公元589年	隋	开皇九年	己酉	正月，隋灭陈，统一全国。 （《隋书》卷二《高祖纪》）
公元599年	隋	开皇十九年	己未	遣大将军姚辩出河州，以与杨素等分兵击突厥都蓝可汗，师未出塞，而都蓝为部下所杀。 （《隋书》卷八十四《北狄传》）
公元607年	隋	大业三年	丁卯	四月，改州为郡，河州置为枹罕郡，统县枹罕、龙支、大夏、水池，户一万三千一百五十七。 （《隋书》卷三《炀帝纪》、卷二十九《地理志》、《元和郡县志》卷三十九）
公元609年	隋	大业五年	己巳	隋炀帝杨广西巡，四月，出临津关⑬，渡黄河，至西平。 （《隋书》卷三《炀帝纪》、《资治通鉴》卷一百八十一）
公元617年	隋	大业十三年	丁丑	金城校尉薛举居金城，四月，将兵囚郡县官，开仓赈施，自称西秦霸王，改元秦兴，选精锐袭据枹罕，未几尽有陇西之地。七月，武威郡鹰扬府司马李轨起兵，自称河西大凉王，建元安乐。薛举称秦帝，与李轨战，兵败。未几李轨攻克张掖、敦煌、西平、枹罕、尽有河西五郡之地。 （《隋书》卷四《炀帝纪》、《资治通鉴》卷一百八十三）
公元618年	隋	义宁二年	戊寅	五月，隋恭帝杨侑逊位于唐，高祖李渊即位，改元武德，罢郡置州，改太守为刺史。六月，薛举攻泾州，秦王李世民将八总管兵拒之。七月，八总管兵败。八月，唐遣使潜诣凉州，谋与李轨共图秦、陇，拜轨为凉州总管，封凉王。薛举卒，子仁杲立。十一月，李轨即帝位。李世民灭仁杲于泾州，陇右平。 （《隋书》卷五《恭帝纪》、《旧唐书》卷一《高祖纪》、《资治通鉴》卷一百八十五、卷一百八十六）
公元619年	唐	武德二年	己卯	五月，安兴贵执李轨⑭，曲赦凉、甘、瓜、鄯、肃、会、兰、河、廓九州，河右平。以李世民为左武候大将军使持节凉、甘等九州诸军事凉州总管，兴贵为右武候大将军凉国公。遣黄门侍郎杨恭仁安抚河西。置河州，领枹罕、大夏二县，治于枹罕。 （《旧唐书》卷一《高祖纪》、卷四《地理志》、《新唐书》卷一《高祖纪》、《资治通鉴》卷一百八十七、《元和郡县志》卷三十九）
公元623年	唐	武德六年	癸未	五月，吐谷浑、党项侵河州，刺史卢士良败之。 （《新唐书》卷一《高祖纪》）
公元625年	唐	武德八年	乙酉	置兰州都督府，督兰、河、鄯、廓四州。 （《旧唐书》卷四十《地理志》）

公元626年	唐	武德九年	丙戌	五月，吐谷浑、党项侵河州，突厥侵兰州，唐遣平道将军柴绍击之。八月，突厥、吐谷浑遣使请和。（《新唐书》卷一《高祖纪》、《资治通鉴》卷一百九十一）
公元627年	唐	贞观元年	丁亥	二月，唐太宗李世民以民少吏多，命加大并省，因山川形便分为十道，秦、渭、河、鄯、兰、阶、洮、岷、廓、叠、宕、凉、瓜、沙、甘、肃凡十四州为陇右道。河州大夏县废入枹罕，五年复置。（《旧唐书》卷三十八、卷四十《地理志》、《资治通鉴》卷一百九十二）
公元634年	唐	贞观八年	甲午	七月，吐蕃赞普弃宗弄赞遣使入贡，请婚。唐下诏大举讨吐谷浑，明年五月平之。（《旧唐书》卷一百九十六《吐蕃传》、《资治通鉴》卷一百九十四）
公元637年	唐	贞观十一年	丁酉	去年，省米州，以米川县属河州。是年，废乌州，于城内置安乡县，属河州。（《旧唐书》卷四十《地理志》）
公元639年	唐	贞观十三年	己亥	十二月，吐谷浑王慕容诺曷钵来朝，唐以宗女为弘化公主妻之。（《旧唐书》卷三《太宗纪》、《资治通鉴》卷一百九十五）
公元640年	唐	贞观十四年	庚子	十月，吐蕃赞普遣其相禄东赞献礼请婚，太宗许以文成公主妻之。明年正月，命礼部尚书江夏王道宗持节送文成公主于吐蕃。（《旧唐书》卷三《太宗纪》、卷一百九十六《吐蕃传》）
公元643年	唐	贞观十七年	癸卯	敕卫尉丞李义表、黄水县令王玄策使西域。（《法苑珠林》卷五十五、《佛祖统纪》卷三十九）
公元648年	唐	贞观二十二年	戊申	王玄策使往西域，为中天竺所掠，借吐蕃、泥婆罗二国之兵破之，擒中天竺王阿罗那顺以归。（《旧唐书》卷一百九十八《西戎传》）
公元649年	唐	贞观二十三年	己酉	沙门道生从吐蕃路往天竺。沙门玄照于贞观中学梵语，杖锡西行，新罗沙门玄恪等随往，至吐蕃，蒙文成公主送往北天竺。（《大唐西域求法高僧传》卷上）
公元657年	唐	显庆二年	丁巳	王玄策等奉敕往天竺送佛袈裟。（《法苑珠林》卷十六、《诸经要集》卷一）
公元661年	唐	龙朔元年	辛酉	王玄策回国献天竺所得佛舍利。（《佛祖统纪》卷三十九）
公元663年	唐	龙朔三年	癸亥	五月，吐蕃击破吐谷浑，慕容诺曷钵及弘化公主走依凉州。（《旧唐书》卷一百九十六、《资治通鉴》卷二百一）
公元664年	唐	麟德元年	甲子	命王玄策至西域追沙门玄照入京，九月辞苦部，路次泥婆罗，蒙国王送至吐蕃，文成公主资给归唐。明年正月至洛阳，谒见高宗李治，还令往迦湿弥罗国。（《大唐西域求法高僧传》卷上、《旧唐书》卷四《高宗纪》）
公元670年	唐	咸亨元年	庚午	薛仁贵、郭待封等征吐蕃，七月，军至大非川⑮，败绩，吐谷浑全境没于吐蕃，慕容诺曷钵徙于灵州。（《旧唐书》卷五《高宗纪》、卷一百九十八《西戎传》）
公元676年	唐	上元三年	丙子	闰三月，吐蕃入侵鄯、廓、河、芳四州。（《旧唐书》卷五《高宗纪》）
公元678年	唐	仪凤三年	戊寅	七月，吐蕃入龙支，为张虔勖所败。九月，吐蕃败李敬玄于青海之上。十月，刑部侍郎张楚金撰《灵岩寺记》镌于炳灵寺崖壁⑯，言及九月战事。明年吐蕃赞普卒，文成公主遣使来唐朝告丧，并请和亲。（《旧唐书》卷五《高宗纪》、卷一百九

				十六《吐蕃传》）
公元681年	唐	永隆二年	辛巳	闰七月，巡察使典雍州醴泉县骆弘爽、御史台金史蒲州河东县张积善在炳灵寺各造观世音菩萨像一躯[37]，巡察使判官岐州郿县丞轻车都尉崔纯礼、陇右道巡察使行殿中侍御史王玄□在炳灵寺各造阿弥陀佛像一躯并二菩萨[38]。
公元690年	武周	天授元年	庚寅	僧法明等撰《大云经》言武则天乃弥勒佛下生，七月，制颁于天下。九月，改唐为周。（《资治通鉴》卷二百四）
公元710年	唐	景龙四年	庚戌	初，吐蕃入贡请婚，中宗李显以金城公主妻吐蕃赞普。去年，吐蕃遣大臣等千余人来迎。是年正月，左骁卫大将军杨矩送公主至吐蕃。（《资治通鉴》卷二百九）
公元714年	唐	开元二年	甲寅	初，先天中[39]，吐蕃厚遗杨矩请河西九曲之地为金城公主汤沐之所，奏与之；其地肥良，堪屯兵，畜牧又近唐境。七月，吐蕃军十万侵临洮，又游掠兰州、渭州。十月，陇右防御使薛讷等击破之。左骁卫郎将尉迟瓌使吐蕃，宣慰金城公主。吐蕃遣使至洮水请和。十二月，置陇右节度大使，领鄯、奉、河、渭、兰、临、武、洮、岷、郭、叠、宕十二州，以陇右防御副使郭知运为之。（《旧唐书》卷八《玄宗纪》、《册府元龟》卷九百九十八、《资治通鉴》卷二百一十一）
公元731年	唐	开元十九年	辛未	正月，遣鸿胪卿崔琳使吐蕃。三月，御史大夫崔琳使于吐蕃，副使膳部郎中魏季随撰《灵岩寺记》，载和蕃使团路经盛况，安乡县令王警献镌石于炳灵寺崖壁[40]。九月，吐蕃遣其相来请于赤岭互市，许之。（《旧唐书》卷八《玄宗纪》）
公元733年	唐	开元二十一年	癸酉	正月，工部尚书李嵩使于吐蕃。二月，金城公主请立碑于赤岭以分唐、吐蕃之界，许之。是岁，分天下为十五道，每道置采访使，陇右道治鄯州。张鷟托炳灵寺山景撰小说《游仙窟》，此际已传至日本[41]。明年六月，唐遣将军李佺于赤岭与吐蕃分界立碑。（《旧唐书》卷八《玄宗纪》、卷三十八《地理志》、卷一百四十九《张荐传》）
公元738年	唐	开元二十六年	戊寅	六月，陇右节度使杜希望与河西节度使萧炅、剑南节度使王昱分道经略吐蕃，仍毁所立赤岭碑。七月，杜希望发兵夺吐蕃河桥，筑盐泉城于河左，以置镇西军[42]。（《旧唐书》卷一百九十六《吐蕃传》、《资治通鉴》卷二百一十四）
公元742年	唐	天宝元年	壬午	置十节度使、经略使以备边。陇右节度使备御吐蕃，屯鄯、廓、洮、河之境，治鄯州。安乡县取关名改为凤林县。时河州领枹罕、大夏、凤林三县。（《旧唐书》卷三十八、卷四十《地理志》）
公元743年	唐	天宝二年	癸未	炳灵寺造龛像[43]。
公元753年	唐	天宝十二年	癸巳	陇右节度使哥舒翰屡胜吐蕃，是时中国强盛，天下称富庶者无如陇右。是年哥舒翰请密宗大师不空至河陇。（《资治通鉴》卷二百一十六、《宋高僧传》卷一）
公元755年	唐	天宝十四年	乙未	十一月，安禄山反。十二月，以哥舒翰为先锋兵马元帅领河、陇兵募守潼关以拒之。天宝之载，河郡守将巡至炳灵寺，宫殿渐坏，重修之[44]。（《旧唐书》卷九《玄宗纪》）
公元763年	唐	宝应二年	癸卯	安史之乱悉平。七月，改元广德。吐蕃入大震关，陷兰、

231

				廓、河、鄯、洮、岷、秦、成、渭等州，尽取河西、陇右之地。（《旧唐书》卷十一《代宗纪》、《资治通鉴》卷二百二十二）
公元781年	唐	建中二年	辛酉	吐蕃遣使来求沙门善讲佛理者，唐德宗李适命沙门良琇、文素往说法教，岁一更之。（《唐会要》卷九十七）
公元803年	唐	贞元十九年	癸未	凉州观察使薄承祧建灵岩寺大阁，附山七重，中刻山石为像，百余尺[15]。（《青塘录》[16]）
公元822年	唐	长庆二年	壬寅	去年，吐蕃请盟，唐遣御史大夫刘元鼎充西蕃会盟使与吐蕃盟于长安西郊，是年刘元鼎赴吐蕃就盟，五月会盟讫，立碑于拉萨。八月，元鼎自吐蕃还。元鼎往来路经河州，至龙支城，耋老千人泣拜，问唐天子安否。（《新唐书》卷二百一十六《吐蕃传》、《资治通鉴》卷二百四十二）
公元843年	唐	会昌三年	癸亥	去年吐蕃赞普卒，国内叛。吐蕃论恐热自号宰相，六月举兵击尚婢婢，遇天灾而止。九月，婢婢遣兵于河州南击之。（《新唐书》卷二百一十六《吐蕃传》、《资治通鉴》卷二百四十七）
公元845年	唐	会昌五年	乙丑	唐武宗李炎恶僧尼耗蠹天下，八月，诏陈释教之弊，宣告中外，凡毁寺四千六百余区，归俗僧尼二十六万五百人，收良田数千万顷，奴婢十五万人。（《资治通鉴》卷二百四十八）
公元846年	唐	会昌六年	丙寅	三月，武宗李炎卒，宣宗李忱即位，明年闰三月敕任复修所废寺宇，所司不得禁止。（《旧唐书》卷十八《宣宗纪》）
公元849年	唐	大中三年	己巳	二月，吐蕃论恐热军于河州，尚婢婢军于河源军。婢婢败，焚河桥而还鄯州。八月，河、陇[17]老幼千余人诣阙，宣帝御延喜楼见之。（《旧唐书》卷十八《宣宗纪》、《新唐书》卷二百一十六《吐蕃传》、《资治通鉴》卷二百四十八）
公元850年	唐	大中四年	庚午	吐蕃论恐热将兵于鸡项关造桥，军于白土岭[18]。尚婢婢趋甘州西，恐热遂大掠鄯、廓、瓜、肃等八州。（《新唐书》卷二百一十六《吐蕃传》、《资治通鉴》卷二百四十九）
公元851年	唐	大中五年	辛未	八月，沙州张义潮发兵略定瓜、伊、西、甘、肃、兰、鄯、河、廓十州，遣兄义谭奉十一州图籍来献，至是复河西、陇右故地，以义潮为节度使、河沙等十一州观察使。（《旧唐书》卷十八《宣宗纪》、《资治通鉴》卷二百四十九）
公元857年	唐	大中十一年	丁丑	十月，河、渭二州吐蕃酋长尚延心降，收凤林关，以延心为河、渭都游弈使，统其众居之。（《新唐书》卷二百一十六《吐蕃传》、《资治通鉴》卷二百四十九）
公元862年	唐	咸通三年	壬午	初，论恐热作乱，吐蕃奴无所归，共相聚合，以嗢末自号，居甘、肃、瓜、沙、河、渭、岷、廓、叠、宕之间。是岁，嗢末始入贡于唐。（《资治通鉴》卷二百五十）
公元863年	唐	咸通四年	癸未	二月，置天雄军于秦州，以成、河、渭三州隶焉。（《资治通鉴》卷二百五十）
公元872年	唐	咸通十三年	壬辰	归义节度使张义潮卒，是后中原多故，王命不及，甘州陷于回鹘，归义所领诸州多为羌胡所据。（《新唐书》卷二百一十六《吐蕃传》、《资治通鉴》卷二百五十二）
公元907年	唐	天祐四年	丁卯	三月，唐哀帝禅位于后梁。（《新唐书》卷十《哀帝纪》）
公元960年	宋	建隆元年	庚申	正月，赵匡胤以宋代后周，为宋太祖。（《宋史》卷一《太祖纪》）

公元1006年	宋	景德三年	丙午	宗哥僧李立遵、邈川⁴⁹ 大酋温逋奇拥立吐蕃唃斯啰⁵⁰ 于廓州，徙居宗哥城⁵¹。（《宋史》卷四百九十二《吐蕃传》）
公元1010年	宋	大中祥符三年	庚戌	西夏西攻河州、甘州宗哥族及秦州缘边熟户。（《宋史》卷四百八十五《夏国传》）
公元1016年	宋	大中祥符九年	丙辰	宗哥唃斯啰、羌马波叱腊、鱼角蝉等率马衔山、兰州、龛谷、毡毛山、洮河、河州羌兵至伏羌砦三都谷，秦州曹玮率兵击败之。（《续资治通鉴长编》卷八十六）
公元1018年	宋	天禧二年	戊午	吹麻城及河州诸族皆破宗哥文法来秦州附于宋。时唃斯啰与李立遵不协，更徙邈川，与西夏赵德明抗。（《宋史》卷四百九十二《吐蕃传》）
公元1033年	宋	明道二年	癸酉	三月，唃斯啰集众杀温逋奇而徙青唐城⁵²。（《宋史》卷四百九十二《吐蕃传》）
公元1035年	宋	景祐二年	乙亥	十二月，宋以唃斯啰为保顺军节度观察留后。后西夏赵元昊遣苏奴儿将兵攻斯啰，败死略尽，苏奴儿被执。继元昊自攻青唐、宗哥等城，败斯啰部将安子罗。元昊又侵河湟，斯啰以奇计击破之。自是斯啰居鄯州，元昊不敢窥其境。（《宋史》卷四百九十二《吐蕃传》）
公元1038年	宋	宝元元年	戊寅	宋加唃斯啰保顺军节度使，使背击西夏以扰其势。（《宋史》卷四百九十二《吐蕃传》）
公元1065年	宋	治平二年	乙巳	夏，羌邈奔及阿叔溪心以陇、珠、阿诺三城叛西夏归唃斯啰。冬，斯啰卒，第三子董毡嗣，拥河北之地。另二子，瞎毡居龛谷，先卒，子木征居河州；磨毡角奔宗哥，既卒，立其子瞎撒欺丁。是唃斯啰族分为三部。（《宋史》卷四百九十二《吐蕃传》）
公元1066年	西夏	拱化四年	丙午	吐蕃木征以河州附于西夏。（《西夏书事》卷二十一）
公元1072年	西夏	天赐礼盛国庆四年	壬子	八月，秦凤路沿边安抚使王韶引兵破木征于洮水，复武胜军改熙州。十月，置熙河路，领熙、河、洮、岷、通远军五州。十一月，河州首领瞎药等来熙州降。（《宋史》卷十五《神宗纪》、卷八十七《地理志》、《续资治通鉴》卷六十九）
公元1073年	宋	熙宁六年	癸丑	二月，王韶复河州，于宁河置枹罕县。又复岷、洮等州。（《续资治通鉴长编》卷二百四十二、《宋史》卷八十七《地理志》）
公元1074年	宋	熙宁七年	甲寅	二月，知河州景思立与吐蕃首领青宜结鬼章战于踏白城，败死，河州遂被围。四月，王韶兵趋珂诺城，断西夏通路，河州解围，木征降。（《宋史》卷十五《神宗纪》、《续资治通鉴》卷七十）
公元1076年	宋	熙宁九年	丙辰	枹罕县省。（《宋史》卷八十七《地理志》）
公元1081年	宋	元丰四年	辛酉	九月，熙河经制李宪复兰州。兰州新顺首领巴令等三族兵破河州境内夏人新筑撒逋宗城。（《宋史》卷十六《神宗纪》、卷八十七《地理志》）
公元1099年	宋	元符二年	己卯	七月，洮西安抚使王赡复邈川城。八月，吐蕃邈川首领瞎征自青唐诣河州降于赡，复会州城。九月，吐蕃据青唐，请西夏兵。赵乾顺遣兵断炳灵寺河桥，烧星章峡栈道，攻南宗堡。赡兵复青唐，退西夏兵。闰九月，诏以青唐为鄯州，邈川为湟州，宗哥为龙支城，并隶陇右。明年，名城桥关为安乡关。王

				赡暴虐，明年吐蕃聚反，西夏助之，围邈川，据青唐，遂命木征子陇拶知鄯州，其弟邦辟勿丁呋知湟州。（《续资治通鉴长编》卷五百一十六、《宋史》卷八十七《地理志》、《续资治通鉴》卷八十六）
公元1103年	宋	崇宁二年	癸未	六月，权管熙河兰会路经略司知河州王厚与童贯领大军发熙州，次河州，出安乡关渡河，克巴金城，继克湟州。明年三月，厚、贯帅大军发熙州，四月，次湟州，兵分三路取龙支城，收鄯州、廓州。（《宋史》卷十九《徽宗纪》、《续资治通鉴》卷八十八）
公元1105年	宋	崇宁四年	乙酉	正月，改熙河兰会路为熙河兰湟路。（《宋史》卷二十《徽宗纪》）
公元1108年	宋	大观二年	戊子	四月，复洮州。五月，复积石军。（《宋史》卷二十《徽宗纪》）
公元1112年	宋	政和二年	壬辰	十二月，洮西守将何灌等发郡城绝冰河尽灵岩胜概乃还[54]。
公元1120年	宋	宣和二年	庚子	三月，改熙河兰湟路为熙河兰廓路。（《宋史》卷二十二《徽宗纪》）
公元1131年	金	天会九年	辛亥	春，金取巩、洮、河、乐[54]、西宁[55]、兰、廓、积石等州。（《金史》卷三《太宗纪》）
公元1139年	金	天眷二年	己未	宋、金议和。金归还河南、陕西地，各见任文武官下易置。明年，金背盟，复取河南、陕西地。（《续资治通鉴》卷一百二十一、卷一百二十三）
公元1142年	金	皇统二年	壬戌	金改熙州为临洮府，置熙秦路总管府。（《金史》卷二十六《地理志》）
公元1154年	金	贞元二年	甲戌	所废枹罕县复置。（《金史》卷二十六《地理志》）
公元1162年	金	大定二年	壬午	二月，宋四川宣抚使吴璘遣兵袭取熙河，兴州统领惠逢等下宁河寨，复河州，继复积石军，克来羌城。金遂合兵围河州，州民死守，闰二月城破，屠城。明年正月，璘奉诏班师，新复之州复为金取。（《宋史》卷三十二《高宗纪》、《续资治通鉴》卷一百三十六）
公元1187年	金	大定二十七年	丁未	金更熙秦路为临洮路，置临洮府，领积石、洮、兰、巩、会、河等州。（《金史》卷二十六《地理志》）
公元1227年	金	正大四年	丁亥	正月，蒙古成吉思汗铁木真率师渡黄河攻积石州；二月，破临洮府；三月，破洮、河、西宁州；秋，平西夏。（《元史》卷一《太祖纪》、《续资治通鉴》卷一百六十四）
公元1234年	蒙古	太宗六年	甲午	窝阔台[56]次子阔端自凉州遣使入西藏萨迦迎请萨斯嘉·恭噶·嘉勒灿。是年蒙古灭金。明年分为三十六路，河州路领定羌、宁河、安乡三县，属巩昌路便宜都总帅府。（《蒙古源流》卷四、《元史》卷五十八、卷六十《地理志》）
公元1260年	蒙古	中统元年	庚申	蒙古世祖忽必烈以吐蕃萨迦僧八思巴为国师。（《元史》卷二百二《释老传》）
公元1269年	蒙古	至元六年	己巳	以河州属吐蕃宣慰司都元帅府。（《元史》卷六十《地理志》）
公元1280年	元	至元十七年	庚辰	十月，命都实为招讨使，佩金虎符，出河州穷黄河源。

公元1288年	元	至元二十五年	戊子	至元初以总制院统吐蕃诸司，是年十一月，更名宣政院，掌释教僧徒及吐蕃之境。 （《元史》卷八十七《百官志》、《续资治通鉴》卷一百八十八）
公元1325年	元	泰定二年	乙丑	元世崇佛，吐蕃僧经青海而来络绎道途，是年奉元一路自正月至七月往返者百八十五次。 （《元史》卷二百二《释老传》）
公元1368年	元	至正二十八年	戊申	明太祖朱元璋称帝，改元洪武。八月，克元大都北京。 （《元史》卷四十七《顺帝纪》、《明史》卷二《太祖纪》）
公元1370年	明	洪武三年	庚戌	五月，邓愈克河州，招谕吐蕃，元吐蕃宣慰使何锁南普等降。明年正月，设河州卫，并隶洮州、岷州军民千户所。 （《明史》卷二《太祖纪》、卷一百二十六《邓愈传》、卷四十二《地理志》）
公元1373年	明	洪武六年	癸丑	正月，置河州府，属陕西行中书省。 （《明史》卷四十二《地理志》）
公元1374年	明	洪武七年	甲寅	七月，置西安行都卫于河州，领河州、朵甘、乌斯藏三卫。明年十月，改行都卫为陕西行都指挥使司。 （《明史》卷四十二《地理志》）
公元1376年	明	洪武九年	丙辰	十二月，陕西行都指挥使司废，河州属陕西都指挥使司。明年分卫为左右。 （《明史》卷四十二《地理志》）
公元1379年	明	洪武十二年	己未	七月，废河州府，改左卫于洮州，升右卫为军民指挥使司。 （《明史》卷四十二《地理志》）
公元1414年	明	永乐十二年	甲午	西藏黄教创始人宗喀巴遣弟子释迦也夫入朝，抵南京，次年命为大国师，后年辞归。 （《明史》卷三百三十一《大慈法王传》）
公元1434年	明	宣德九年	甲寅	释迦也夫入朝，至北京，册封为大慈法王。 （《明史》卷三百三十一《大慈法王传》）
公元1465年	明	成化元年	乙酉	重修炳灵寺窟龛 （《重修古利灵岩寺碑记》⑤⑧）
公元1473年	明	成化九年	癸巳	十二月，置河州，属临洮府，改军民指挥使司为卫。 （《明史》卷四十二《地理志》）
公元1490年	明	弘治三年	庚戌	修建炳灵寺洞窟。 （《重修古利灵岩寺碑记》）
公元1517年	明	正德十二年	丁丑	修寺，立《重修古利灵岩寺碑记》碑，碑文始见炳灵寺上、中、下八洞之称。 （《重修古利灵岩寺碑记》）
公元1537年	明	嘉靖十六年	丁酉	二月，重绘炳灵寺石窟壁画⑤⑨。十二月，郭木匠于上八洞前修缮⑥⓪。
公元1560年	明	嘉靖三十九年	庚申	黄教僧仁钦宗哲于宗喀巴诞生地⑥① 塔前建寺，即塔尔寺前身。 （《塔尔寺》⑥②）
公元1567年	明	隆庆元年	丁卯	隆庆初，河州参将张翼与知州聂守中开渠灌田，复于炳灵寺口黄河上建折桥，以便往来。 （《兰州府志》卷八《官师志》）
公元1645年	清	顺治二年	乙酉	清定河州。 （《清史稿》卷四《世祖本纪》）
公元1601年	明	万历二十九年	辛丑	重修炳灵寺洞窟，彩绘壁画，塑十一面观音像⑥③。
公元1643年	明	崇祯十六年	癸未	闯王李自成义军被总制洪承畴、总兵曹应蛟击败于河州。 （《河州志》⑥④卷四）
公元1677年	清	康熙十六年	丁巳	杨法台率众生开炳灵寺上寺洞门，即今卓玛洞，是为卓玛洞藏传密宗造像、壁画之始。 （清乾隆十六年度牒）

公元1680年	清	康熙十九年	庚申	五月，王荷泽游炳灵寺，其时大佛阁尚存。 （《风雅堂稿·游灵岩寺记》⑥ ）
公元1692年	清	康熙三十一年	壬申	杨护都督重修上寺。 （清乾隆十六年度牒）
公元1707年	清	康熙四十六年	丁亥	《河州志》成书，书中记炳灵寺上、中、下各八洞，石成五彩，每遇孟夏季冬八日，近远番族男妇来游。 （《河州志》卷四）
公元1709年	清	康熙四十八年	癸卯	嘉木样一世俄昂宗哲于今甘肃省夏河县创建拉卜楞寺，为黄教六大寺院之一⑥。
公元1751年	清	乾隆十六年	辛未	敕封杨护都督，发度牒二十七张，每年发杂粮四十三石六斗，供寺僧用。⑥
公元1870年	清	同治九年	庚午	金山瓞道人作炳灵寺图。⑧
公元1874年	清	同治十三年	甲戌	回、汉民族纠纷，炳灵寺栈道被焚毁，部分窟龛造像遭破坏。⑧
公元1890年	清	光绪十六年	庚寅	罗暗吧募化重修老君洞。⑪

注

① 今宁夏回族自治区南部清水河。

② 今宁夏回族自治区固原县西。

③ 今青海省同仁一带。

④ 柴达木盆地以南。

⑤ 即东晋明帝太宁二年。前凉自张寔始（公元317年），袭用西晋愍帝建兴年号。

⑥ 即东晋成帝咸和二年。

⑦ 今甘肃省榆中县东北。

⑧ 今甘肃省靖远县东北。

⑨ 即东晋成帝咸和五年。

⑩ 即东晋康帝建元二年。

⑪ 疑即晋兴。

⑫ 《晋书》卷八十六《张骏传》云"六郡"。

⑬ 即东晋穆帝永和三年。去年张骏卒，世子重华假凉王。

⑭ 即东晋穆帝永和九年。

⑮ 东晋穆帝升平五年（公元361年）前凉张天锡辅政，始奉升平年号。是年为东晋兴宁元年。

⑯ 其寺南有石门镌文曰："晋太始年之所立也。"按，两晋"太始"年号仅见于前凉张玄靓时。

⑰ 碑原立于莫高窟第332窟前室，武周圣历元年镌造，现残碑存敦煌文物研究所。碑文纪年为前秦建元二年。

⑱ 枹罕旧为河州治所。乞伏氏先于境内置河州，以屈眷为牧，故以枹罕为北河州。

⑲ 诸本皆作"弘始二年岁在己亥"，按己亥年及其它各处所载东晋隆安三年，应作弘始元年，即西秦太初十二年。

⑳ 《魏书》卷一百一十四《释老志》作沙门道肜。按，"融"古作"肜"，见中华书局1974年版校勘记。

㉑ 后于西秦更始二年（公元410年）徙苑川，更始四年（公元412年）徙谭郊。

㉒ 《水经注》卷二《河水》引东晋南郡王从事郭仲产《秦州记》云"枹罕有河夹岸，岸广四十丈，义熙中（公元405~418年）乞伏于此作飞桥，高五十丈，三年乃就。"

㉓ 龛侧墨书题记尾书："建弘元年岁在玄枵三月 廿 四 日造"。

㉔ 《高僧传》卷十一《玄高传》谓"林阳堂山"，依其所述山景，应即唐述山。传下文述玄绍所入之"堂述山"，当亦同此。

㉕ 玄高入平城之年，《高僧传》缺载。今据《佛祖统纪》卷三十八记为北魏延和元年（公元432年），即吐谷浑慕璝九年。

㉖ 即今大同云冈石窟第16~21窟。

236

㉗ 据《元和郡县志》卷三十九为太和十六年(公元492年)

㉘ 《比丘慧成造像记》见存于洛阳龙门石窟古阳洞北壁比丘慧成造像龛侧，阳刻，为"龙门廿品"之一。

㉙ 此碑出自泾川南石窟寺，现存泾川县文化馆。

㉚ 即今炳灵寺第126窟，造窟题记见存于窟外门顶上方，阴刻。

㉛ 今炳灵寺等169窟北壁北侧高处佛龛龛侧墨书题记。题记中所书"鄯善镇"，按文献记载，孝昌二年(公元526年)改鄯州。

㉜ 武山拉梢寺摩崖大佛左胁侍北侧见存阴刻"大周明皇帝三年岁次己卯二月十四日"造像记。

㉝ 临津关当在枹罕界，北临河津，凤林关以西。

㉞ 《旧唐书》谓四月辛亥。

㉟ 今青海省海南藏族自治州青海南山以南切吉草原。

㊱ 在今炳灵寺第64龛上方崖壁，凡41行，每行42字，阴刻。

㊲ 今炳灵寺第51、52龛，龛下均有阴刻造像记。

㊳ 今炳灵寺第53、54龛，龛下均有阴刻造像记。

㊴ 公元712～713年。

㊵ 在今炳灵寺第148窟窟外北侧崖壁，凡31行，每行43字，阴刻。

㊶ 日本圣武天皇天平之世山上忆良《沈疴自哀文》(《万叶集》卷五)中，尝引《游仙窟》。

㊷ 其地在河州西今循化撒拉族自治县境。

㊸ 今炳灵寺第21龛龛外南侧阴刻题记"天宝贰年"，龛内雕一菩萨。

㊹ 今炳灵寺第184窟南壁光绪十六年(公元1890年)墨书重修老君洞题记。

㊺ 即今炳灵寺第171龛摩崖大佛。

㊻ 宋·李远《青塘录》，《说郛》卷三十五辑。

㊼ 指收复之秦、原、安乐三州及石门七关。

㊽ 其地在河州凤林县西。

㊾ 城即湟州城，今青海省乐都县。

㊿ 唃厮啰，吐蕃赞普之后，生于高昌，十二岁时河州羌客高昌，挈以归，欲于河州立文法。

51 即龙支城，今青海省西宁市东，湟水南岸。

52 即今青海省西宁市。

53 炳灵寺第135窟外南侧壁上阴刻"上受宝圭之元年十二月二十三日"题记。按，上受宝圭元年即政和二年。

54 即湟州，宣和年改。

55 崇宁三年(公元1104年)五月改鄯州为西宁州。

56 成吉思汗铁木真第三子。

57 清道光十三年修。

58 明正德十二年(公元1517年)书。

59 炳灵寺第4窟东壁现存阴刻嘉靖十六年二月初八日书奉佛发心彩绘愿文。

60 上八洞即今炳灵寺第169窟，此据窟内北壁墨书题记。

61 今青海省湟中县鲁沙尔镇。

62 李志武、刘励中编《塔尔寺》，文物出版社1982年版。

63 今炳灵寺第70窟，窟内前壁门北侧阴刻"大明万历二十九年"题记。

64 清康熙四十六年修。

65 王荷泽著，手抄墨迹传世，见冯国瑞《炳灵寺石窟勘察记》。

66 见拉卜楞寺文物管理委员会编《拉卜楞寺简介》。

67 度牒见存。

68 据图上庚午年题款。

69 同㊹。

70 今第184窟。同㊹。

炳灵寺石窟内容总录

炳灵寺文物保管所编

董玉祥、王世儒整理　王万青校

第1龛

时代：西秦。明重妆

形制：摩崖浅龛

内容：龛内正壁塑一佛二菩萨立像。明代重妆泥皮，经剥
　　去外层，露出西秦原作立佛，高4.60米。

注：此龛位于寺沟窟群最南端，1971年被水淹没。

第2龛

时代：北魏。唐、明重修

形制：摩崖敞口龛，高2.7、宽3.2、深2.3米

内容：龛内正壁泥砌坛基上塑二佛并坐像，佛高1.10米，
　　座高0.35米。二佛两侧各塑一侍立菩萨，北侧菩萨高
　　1.07米，南侧菩萨高1.34米。

　　龛顶壁画脱落，北壁残存火焰纹项光。

第3窟

时代：唐。明重绘

形制：平面方形、平顶窟，高3.52、宽3.40、深3.1米

内容：窟内正中凿一四坡顶方塔，高2.23米，塔基宽1.40、
　　纵长1.39米，塔身面阔三间，正面凿出方形深龛。南
　　壁上、下各开一半圆形小龛。上龛高0.70、宽0.70、
　　深0.25米，内雕一佛二弟子二菩萨立像。下龛高1.16、
　　宽1.07、深0.73米，内原雕一佛二弟子二菩萨。佛右
　　手持钵，左手抚膝，善跏趺坐于方座上，通高0.77米。
　　二弟子已无存。二菩萨均立于莲台上，通高0.78米。
　　窟顶壁画大部脱落。四壁明代重绘密宗佛、菩萨、
　　护法像及佛教故事等。

题记：窟内正壁墨书：

　　余谬膺采访同约司马世卿贾献庭鲁子育何石泉马海
楼魏子慎李桂五景琢卿焦子仙登临到此遂草俚句一则
云山萧/寺奇绝可观奈余又有编修/郡志之/命忙碌而
归未竟厥佳一憾也/大清宣统元年三月廿二日/银川
渔者金树仁谨志

　　中华民国廿一年银川信士李鹤庭奉县令调查名胜
古迹同炳灵寺上人鲁丕贤偕来古洞见其残景凋落有感
而题遗远记/古洞幽阒在灵岩　逆水烽烈景色残/痛恨
虫蚍作判□　令我逝人生悲观/鸭烟熄少参谒古　利
景多有往返佛/性空愁本不□□　遗像千古伴青山/民
国廿一年壬申冬十月/余因公务冗忙未暇炼想偶书鄙
语以作鸿迹望后来人不以俗俚见笑为幸。

　　南壁墨书：

　　信士文继周/杜兰墀　奉香

　　临洮信士　范信/雍夏/韩光选/骆思长/袁必高

西宁卫弘觉寺/法宁大□普嫦/嘉靖十□(五)年到
西宁卫大佛寺僧人普□/弘通寺僧人圆□/圆□
来拜

　　石塔北面下方墨书：

　　大明□国/导河□□/源地□□□/佛发心弟□/长
王阿即/藏卜□□/上同父□□/母崔氏/并兄王□/王
绪/王纬/魏氏/赵氏/李氏/侄男会□/大僧/定僧/定
住/游僧俟/上于天造意者/发心彩画/千佛石寺洞/造
完足/上报四恩□/资三着净/南清堪话/嘉靖癸□□
月二十五日

第4窟

时代：唐。明重绘

形制：平面马蹄形、低坛基、平顶窟，高1.95、宽2.95、
　　深2.60米

内容：窟内正壁雕一佛二弟子，南北两壁雕二菩萨二天
　　王。佛右手抚膝，左手持钵，善跏趺坐于方座上，
　　通高1.66米。二弟子通高1.30米，南壁菩萨通常
　　1.34米，均立于半圆台上。南壁天王，头已残失，
　　左手持剑，足踏山峦。

　　窟内壁画为明代重绘。佛顶画宝盖，流云，窟顶
　　画缠枝花瓣，花瓣上各画一佛。四壁画密宗佛、菩萨、
　　宗喀巴、双身像及流云、牡丹等。

题记：窟内东壁门右侧阴刻：

　　大明国陕西道河州在城居住奉/佛发心彩绘信士蒲
莲蒲兰/同结良缘党计宗王玉梁洪揭克/供承善世陈
简芦应才□□□石安/王龙/赵景通宋□/张廷/嘉靖拾
陆年二月初八日书吉祥如意

第5龛

时代：唐

形制：平面马蹄形、低坛基、平顶龛，高1.30、宽1.34、
　　深1.00米

内容：龛内原雕一佛二弟子二菩萨，现仅存一佛，右手
　　抚膝，左手平放于腿上，结跏趺坐于束腰方座上，
　　通高0.80米。佛顶画宝盖，两侧二飞天(已残)，周
　　围画枝叶、流云和千佛等。窟内正中有元、明之际
　　泥塑舍利塔一座。

注：南壁坍塌，曾用泥补修。

第6窟

时代：北周

形制：平面长方形、低坛基、平顶窟，高2.00、宽2.70、
　　深1.90米

内容：窟内正壁雕一佛，南、北二壁各一菩萨。佛作禅定印，结跏趺坐在低座上，通高1.46米。二菩萨均立于半圆台上，通高1.37米。

　　窟顶壁画脱落。四壁画千佛、树、山峦。南壁下方画高山、树石及群猴攀登，拟为"猴王本生"故事。

第7龛

时代：唐

形制：平面马蹄形、低坛基，龛高1.03、宽1.13、深1.00米

内容：龛内仅存一佛，双手捧钵立于半圆台上，通高0.73米。

题记：佛北侧壁上墨书：

　　嘉靖七年□□发心……
　　北壁有朱红书西夏文

第8窟

时代：隋

形制：平面方形、低坛基，平顶窟，高1.80米、宽2.25、深2.05米

内容：窟内正壁坛基上原塑一佛二弟子，南、北壁塑二菩萨。佛胸前绘"卍"字，结跏趺坐于低台，通高0.75米。弟子、菩萨侍立，均已残损，弟子高0.94、菩萨高1.00米，现存南侧菩萨为唐代重塑。

　　窟顶彩绘斗四平棋，画莲花、飞天。正壁塑像背、项光均彩绘火焰纹，背光两侧各画四弟子。北壁上部画五菩萨四弟子及火焰纹菩萨项光；下部上段画男供养人十身，下段画女供养人。南壁上部画六弟子、七菩萨及火焰纹菩萨项光；下部上段中层画男供养人十一身，下段画女供养人十身。东壁门北侧画维摩诘、南侧画文殊及四方听众。

题记：正壁佛背光北侧上方刻划西夏文六字真言。

　　北壁题刻划：
　　至正廿六年
　　窟顶前部正中墨书：
　　王天锡

第9窟

时代：唐。明修

形制：平面马蹄形、低坛基、平顶窟，高1.17、宽1.20、深1.20米

内容：窟内原雕一佛二弟子二菩萨，均已毁，仅存明代泥塑舍利塔一座。

　　窟顶画四飞天(已残)、流云及华盖。正壁存火焰纹佛项、背光，两侧供养菩萨并二坐佛，上方画六结跏趺坐佛。

第10窟

时代：唐

形制：平面马蹄形、高坛基、平顶窟，高1.86、宽1.15、深2.00米

内容：窟内正壁原雕一佛二弟子（南侧弟子残）。南、北二壁各雕一菩萨一天王。佛右手抚膝，左手持钵，结跏趺坐于束腰方座上，头已残毁，高0.90米。弟子、菩萨侍立，南壁菩萨高0.90、北壁菩萨高0.86米。天王高0.86米。南壁天王双手拄剑。

　　窟顶正中彩绘圆形莲花图案，莲花内画动物，莲花周围画四飞天及天花。正壁佛背光两侧彩绘宝树，南、北壁菩萨里侧画二弟子，其余壁面画千佛。菩萨和天王之间有明代绘佛。

题记：窟内北壁中部墨书：

　　嘉靖十六年六月十六日阶州右所/信士□□□□□□第信士表明

　　注：此窟佛像于1981年由炳灵寺文物保管所复原

第11窟

时代：唐。

形制：平面马蹄形、高坛基、平顶窟，高1.90、宽2.25、深1.90米。

内容：窟内正壁雕一佛二弟子，南、北壁原各雕一菩萨(北壁已毁)和一天王(南壁已毁)。佛结跏趺坐于束腰方座上，通高0.99米。弟子残高0.69米(头均毁)。菩萨通高0.87米。

　　窟顶正中彩绘图案由十四朵花组成，周围画四飞天。正壁佛两侧彩绘双树弟子，菩萨背，项光空间各画一菩萨一弟子，其余壁面绘千佛、花树等。

题记：窟内北壁墨书：

　　赵僧赵芳赵继宗杨天禄/赵享赵真赵梅/嘉靖三十三年四月十八日具心

　　甘州南门外崇庆寺海寿到此/微州人□(到)寺朝奉李朝阳/孔廷辅/荀景春到遂

　　信士杨兼曾/王兼儒礼拜

　　北壁墨书：

　　嘉靖十六年六月十六日□州□□信士　/朝显张朝贵张朝阳来到寺上香参拜/佛爷

　　南壁墨书：

　　有皋兰王珠/王福/刘翟参拜

　　西乡上银川水泉屯寨居住奉/佛弟/赵资保护一家大小/吉祥如意/马朝相/陈大海

　　注：此窟前半部崩塌，北壁天王头于1981年由炳灵寺文物保管所复原。

第12龛

时代：唐

形制：长方形浅龛，龛楣作三个相联的人字形，龛高0.90、宽1.18、深0.20米。

内容：龛内雕三身立像。正中菩萨，左手握于胸前，右手提净瓶，高0.70米。东侧菩萨，高0.70米。西侧弟子，高0.62米。

第13龛

时代：唐

形制：尖拱顶浅龛，高1.40、宽0.74、深0.22米

内容：龛内雕一立佛，左手于胸前握巾带，右臂下垂，
　　　通高1.00米。

第14龛

时代：唐

形制：尖拱顶浅龛，高0.97、宽0.53、深0.20米

内容：龛内雕一立佛，通高0.80米，未完成。

第15龛

时代：唐

形制：方形浅龛，高1.1、宽0.97、深0.34米

内容：龛内雕一佛二菩萨立像。佛残高0.90米，仅存双
　　　足及圆台。菩萨立于束腰莲台上，高0.93米，均残。
　　　壁画仅存火焰纹项光残迹。

题记：龛外南侧阴刻：
　　　佛弟子程崇峤一心供养

第16龛

时代：北魏。唐、明重塑

形制：长方形大龛，前有木构窟檐

内容：龛内塑一释迦牟尼涅槃像，长8.60米。1967年因
　　　修水库搬迁时，发现内外共三层，最外层为明代塑制，
　　　第二层唐代塑制，最里层为北魏原作。

注：此龛1967年被水淹没。

第17龛

时代：唐

形制：尖拱顶浅龛，高0.52、宽0.67、深0.14米

内容：龛内雕一佛二菩萨，均立于半圆台上。佛右手举
　　　于胸前持钵，左手下垂持衣角，通高0.42米。菩萨
　　　高0.33米，手持莲蒂。造像仅凿出轮廓，未完成。

题记：南侧石刻题记：
　　　胡阿九
　　　僧达

第18龛

时代：唐

形制：方形浅龛，高0.70、宽0.66、深0.17米

内容：龛内雕一佛二菩萨，均立于半圆台上。佛通高0.62
　　　米。菩萨通高0.55米。

第19龛

时代：唐

形制：方形浅龛，高0.72、宽0.76、深0.20米

内容：龛内雕一佛二菩萨，均立于半圆形台上。佛左手
　　　持钵，右手握衣角，通高0.63米。菩萨通高0.64米，
　　　南侧菩萨手提净瓶。

第20龛

时代：唐

形制：平面马蹄形、低坛基、平顶龛，高1.11，宽1.08、
　　　深1.05米

内容：龛内雕一佛二弟子二菩萨，均立于半圆台上。佛
　　　左手持钵，右手握衣角，通高0.74米。弟子残高
　　　0.57米，北侧弟子头毁。菩萨通高0.76米。

　　　龛顶彩绘飞天，流云等。佛、弟子、菩萨之上均
　　　彩绘宝盖、帏幔、璎珞。项光画缠枝花火焰纹。弟子、
　　　菩萨像之间各画菩萨一身及千佛。

第21龛

时代：唐

形制：圆券顶浅龛，高0.81、宽0.53、深0.11米

内容：龛内雕一菩萨，右手持莲蒂，左手提净瓶，立于仰
　　　覆莲台上，通高0.68米。

　　　残存彩绘背项光痕迹，上有团花纹饰。

题记：龛外下方南侧阴刻：
　　　天宝贰年……

第22龛

时代：唐

形制：尖拱顶浅龛，高0.54、宽0.36、深0.08米

内容：龛内雕一佛，左手持钵，右手抚膝，结跏趺坐于
　　　束腰方座上，高0.25米。

　　　彩绘佛项光，周围绘花朵。佛两侧各绘一菩萨。

第23龛

时代：唐

形制：平面马蹄形、敞口龛，高1.04、宽1.32、深0.79米

内容：龛内雕一佛二弟子二菩萨。佛结跏趺坐于方座上，
　　　高0.55米。弟子高0.59米，菩萨高0.68米，均侍立
　　　于束腰仰覆莲台上。

　　　彩绘佛、弟子、菩萨项光，壁上画缠枝莲花、化佛。
　　　龛顶彩绘西番莲组成的华盖，流云等。

第24龛

时代：唐

形制：平面马蹄形、低坛基，龛高1.19、宽1.42、深
　　　0.90米

内容：龛内雕一佛二弟子二菩萨。佛左手持钵，右手抚膝，
　　　善跏趺坐于方座上，高0.82米。弟子高0.77米，菩
　　　萨高0.79米，侍立两旁。

　　　佛顶画花朵及西番莲组成彩绘华盖，有帏幔，宝
　　　珠等。其余壁画缠枝莲花、化佛等。

第25龛

时代：唐

形制：尖拱顶龛，高2.80、宽1.25、深0.35米

内容：龛内雕一佛，立于仰莲台上。彩绘椭圆项光，龛

内南侧下方画一弟子及坐佛。

第26龛

时代：唐

形制：尖拱顶龛，高2.70、宽1.25、深0.50米

内容：龛内雕一佛，立于仰覆莲台上。

　　　彩绘背项光。龛内南侧下方画一弟子。

第27龛

时代：唐

形制：平面马蹄形、低坛基，龛高1.78、宽1.38、深0.80米

内容：龛内雕一佛二弟子二菩萨，佛左手掌心朝上，置于胸前，右手抚膝，善跏趺坐于方座上，高0.78米。弟子高0.77米，菩萨高0.82米，均侍立。

　　　龛顶画华盖、流云等，彩绘背、项光，壁画千佛。

第28龛

时代：唐

形制：平面马蹄形、低坛基、尖拱顶龛，高1.32、宽1.40、深1.61米

内容：龛内雕一佛二弟子二菩萨二天王。佛右手持钵，左手抚膝，结跏趺坐，通高0.97米。菩萨高0.95米。天王高0.95米。南壁天王右手叉腰，左手举一方形宝塔，足下踏裸足二夜叉。北壁天王，右手举剑。

　　　龛顶彩绘五华盖，中间华盖及云朵。彩绘背、项光。正壁佛背光两侧各画花一束。

第29龛

时代：唐

形制：平面马蹄形，低坛基，龛高1.32、宽1.43、深1.15米

内容：龛内雕一佛二弟子二菩萨。佛左手持钵，右手抚膝，善跏趺坐于方座，通高0.90米。弟子高0.78米。南壁菩萨高0.83米，北壁菩萨头已失。龛外两侧长方形浅龛内各浮雕一天王。北天王右手举山，足踏夜叉。南天王右手握长剑，足踏一狗首人身怪兽。

　　　窟顶正中绘流云。壁上画树四株，状似石榴树。

题记：龛外南侧壁上唐人阴刻：

　　　弟子蔡如仙为亡父母敬造弥勒一龛

第30龛

时代：唐

形制：长方形浅龛，高0.58、宽1.05、深0.09米

内容：龛内正中雕一菩萨立仰覆莲台上，通高0.53米。两侧各雕一左、右舒相坐菩萨，高0.50米，持莲蒂。龛内彩绘莲花，经后代重绘。

第31龛

时代：唐

形制：长方形浅龛，高1.02、宽1.43、深0.20米

内容：龛内雕一佛二弟子二菩萨。佛右手于胸前持钵，左臂下垂，掌心向外，立于半圆形束腰莲台上，通高0.82米。弟子高0.69米，菩萨高0.68米，均立于半圆台上。

　　　彩绘项光已剥脱仅留残痕。

第32龛

时代：唐

形制：长方形浅龛，高0.75、宽0.50、深0.13米

内容：龛内雕一菩萨，右手举莲蒂，左手提净瓶，立于半圆台上，通高0.65米。

　　　壁画仅存彩绘项光残痕。

第33龛

时代：唐

形制：圆券顶浅龛，高0.72、宽0.72、深0.25米

内容：龛内雕一佛二菩萨，均立于半圆台上。佛通高0.56米，菩萨高0.55米。三尊像都未最后雕成。

第34龛

时代：唐

形制：方形浅龛，高1.55、宽1.28、深0.22米

内容：龛内雕一佛二菩萨。佛善跏趺坐于方座上，通高0.90米。二菩萨侍立于半圆台上，高0.84米。壁画仅存项光及龛外下方供养人残迹。

第35龛

时代：唐

形制：圆券顶浅龛，高0.89、宽0.41、深0.08米

内容：龛内雕一菩萨，左手提净瓶，右手持莲蒂，立于半圆台上，高0.62米。

第36龛

时代：唐

形制：方形浅龛，高0.55、宽0.49、深0.15米，尖拱形龛楣

内容：龛内雕一佛二菩萨，佛左手持钵，右手抚膝，结跏趺坐于束腰方座上，通高0.46米。菩萨侍立于仰覆莲台上，通高0.47米。

第37龛

时代：唐

形制：方形浅龛，高0.56、宽0.45、深0.12米，尖拱形龛楣

内容：龛内雕一佛二菩萨。佛结跏趺坐于束腰方座上，通高0.50米。二菩萨侍立于束腰仰覆莲台上，通高0.47米。

第38龛

时代：唐

形制：低坛基、方形浅龛，高0.78、宽0.67、深0.10米

内容：龛内雕一佛二菩萨，均立于半圆台上。佛通高
0.70米。菩萨通高0.64米。
壁画仅存项光及龛外下方供养人残迹。

第39龛

时代：唐
形制：低坛基、尖拱顶浅龛，高0.95、宽0.74、深0.26米
内容：龛内雕一佛，右手持钵，左手前伸（已毁），立于
一仰莲台上，通高0.80米。
彩绘宝珠形项光，壁画坐佛。

第40龛

时代：唐
形制：长方形浅龛，高0.63、宽0.40、深0.10米
内容：龛内雕一佛，左手持钵，右手抚膝，结跏趺坐于
束腰方座上，通高0.54米。

第41龛

时代：唐
形制：尖拱顶龛，高0.32、宽0.20、深0.04米
内容：龛内雕一菩萨，右手举莲蒂，左舒相坐于束腰方
座上，通高0.28米。

第42龛

时代：唐
形制：低坛基、方形浅龛，高0.71、宽0.72、深0.16米
内容：龛内雕一佛二菩萨。佛左手持钵，右手抚膝，善
跏趺坐于方座上，高0.58米。菩萨侍立半圆台上，
高0.52米。
壁画仅存彩绘项光残迹。

第43龛

时代：唐
形制：尖拱顶浅龛，高0.35、宽0.23、深0.05米
内容：龛内雕一菩萨，右手持莲蒂，左手抚膝，左舒相
坐于束腰方座上，通高0.31米。

第44龛

时代：唐
形制：低坛基、方形浅龛，高0.55、宽0.55、深0.11米
内容：龛内雕一佛二菩萨，佛左手持钵，右手抚膝，善
跏趺坐于方座上，通高0.52米。二菩萨侍立于半圆
台上，通高0.44米。
壁画仅存彩绘项光残迹。

第45龛

时代：唐
形制：长方浅龛，高0.52、宽0.52、深0.09米
内容：龛内雕二菩萨。北侧菩萨双手捧珠立于半圆台上，
通高0.40米。南侧菩萨左手抚膝，右手举珠，左舒
相坐于束腰方座上，通高0.46米。

壁画仅存彩绘项光痕迹，两菩萨间画一胡跪童子。

第46龛

时代：唐。西夏补塑
形制：平面马蹄形、平顶龛，高0.93、宽0.92、深0.45米
内容：龛内原雕一佛二弟子二菩萨，现仅存北侧菩萨，
左手提净瓶，右手持莲蒂侍立，高0.74米。龛内正
中西夏泥塑佛像，高髻，画胡须，上身袒露、斜披
巾带，细腰，下着裙，双手作禅定印，高0.59米。
龛内现存壁画两层，底层仅存彩绘佛背、项光，
表层壁画树、莲花等。

第47龛

时代：唐
形制：尖拱顶浅龛，高0.61、宽0.55、深0.11米
内容：龛内雕一佛二菩萨。佛右手持钵，左手抚膝，结
跏趺坐于束腰方座上，高0.48米。二菩萨侍立，通
高0.44米。
壁画仅存佛项光及两侧彩绘各一坐佛。

第48龛

时代：唐
形制：尖拱顶浅龛，高2.67、宽1.60、深0.50米
内容：龛内雕一佛，立于仰莲台上，高约2.00米。

第49龛

时代：唐
形制：尖拱顶浅龛，高0.66、宽0.22、深0.07米
内容：龛内雕一菩萨，右手提净瓶而立，高0.50米，未
完成。

第50龛

时代：唐
形制：尖拱顶浅龛，高0.67、宽0.31、深0.09米
内容：龛内雕一菩萨，立于半圆台上，高0.54米。
壁画仅存项光残迹。

第51龛

时代：唐永隆二年（公元681年）
形制：低坛基、尖拱顶浅龛，高0.68、宽0.32、深0.11米
内容：龛内雕一菩萨，左手持莲蒂，右臂残，立于半圆
台上，高0.54米。
壁画仅存彩绘项光残迹。
题记：龛下方阴刻：
大唐永隆二年/闰七月八日巡察/使典雍州醴泉/县
骆弘爽敬造/救苦观世音菩/萨一躯

第52龛

时代：唐永隆二年（公元681年）
形制：低坛基、尖拱顶浅龛，高0.69，宽0.31、深0.09
米

内容：龛内雕一菩萨，头毁，左手提净瓶，右手举莲蒂，
　　立于半圆台上，残高0.47米。
　　　壁画仅存彩绘项光残迹。
题记：龛下方阴刻：
　　大唐永隆二年/闰七月八日御□/台令史蒲州河/东
　　县张积善奉/为过往亡尊及/见存眷属一□/法界众生
　　敬造/救苦观世音菩/萨一躯

第53龛

时代：唐永隆二年（公元681年）
形制：方形浅龛，高0.71、宽0.70、深0.15米
内容：龛内雕一佛二菩萨。佛右手持钵，左手抚膝，结
　　跏趺坐于束腰方座上，通高0.60米。二菩萨手持莲蒂，
　　立于半圆台上，高0.56米。
　　　壁画仅存彩绘项光残迹。
题记：龛下方阴刻：
　　大唐永隆二年/闰七月八日巡/察使判官岐州/郿县
　　丞轻车都/尉崔纯礼为亡/考亡妣敬造阿/弥陀佛一躯
　　并/二菩萨

第54龛

时代：唐永隆二年（公元681年）
形制：方形浅龛，高0.70、宽0.70、深0.15米
内容：龛内雕一佛二菩萨。佛左手持钵，右手抚膝，结
　　跏趺坐于束腰方座上，通高0.60米。北侧菩萨右手
　　持莲蒂、左手提净瓶，南侧菩萨左手持莲蒂、右手
　　于胸前，均立于半圆台上，高0.56米。
题记：龛下方阴刻：
　　大唐永隆二年/闰七月八日陇/右道巡察使行/殿中
　　侍御史王/玄□敬造阿弥/陀佛一躯并二/菩萨

第55龛

时代：唐永隆二年（公元681年）
形制：低坛基、尖拱顶浅龛，高0.67、宽0.31、深0.10米
内容：龛内雕一菩萨，左手提净瓶，右手举柳枝，立于
　　半圆台上，通高0.51米。
题记：龛下方北侧阴刻：
　　河州□（安）□（乡）

第56龛

时代：唐
形制：低坛基、方形浅龛，高0.70、宽0.70、深0.23米
内容：龛内雕一佛二菩萨，风化严重。佛左手持钵，右
　　手抚膝，善跏趺坐于方座上，高0.59米。二菩萨
　　侍立于半圆台上，高0.53米。
　　　壁画仅存彩绘佛背、项光残迹。

第57龛

时代：唐
形制：长方形浅龛，高0.70、宽0.39、深0.11米

内容：龛内雕一菩萨，左舒相坐于束腰方座上，残高
　　0.58米。

第58龛

时代：唐
形制：低坛基、尖拱顶龛，高0.65、宽0.30、深0.08米
内容：龛内雕一菩萨，立于半圆台上，高0.53米。

第59龛

时代：唐
形制：平面马蹄形、低坛基平顶龛，高1.10、宽1.20、
　　深0.80米
内容：龛内雕一佛二弟子二菩萨。佛左手手心朝上置于
　　胸前，右手抚膝，结跏趺坐于圆座上，通高0.80米。
　　弟子、菩萨均侍立。弟子高0.64米。菩萨高0.75米，
　　北侧菩萨右手持宝珠于胸前，左手提净瓶。

第60龛

时代：唐
形制：平面马蹄形、低坛基，龛高1.35、宽1.26、深
　　0.80米，尖拱形楣龛
内容：龛内雕一佛二菩萨二天王立像。佛高1.00米。菩
　　萨高0.89米。天王足下踏裸形夜叉，高0.78米，
　　北壁天王右手举山。
　　　壁画仅存彩绘佛项光残迹及佛北侧供养人，龛顶
　　残存飞天流云等。

第61龛

时代：唐
形制：平面马蹄形、低坛基、平顶龛，高1.30、宽1.42、
　　深1.10米
内容：龛内雕一佛二弟子二菩萨，均立于半圆台上。佛
　　右手持钵，左手下垂持衣角，高0.98米。弟子高
　　0.89米。菩萨高0.88米，北侧菩萨右手举莲蒂，左
　　手提净瓶。南侧菩萨双手合十于胸前。
　　　龛顶彩绘二飞天。彩绘佛、弟子、菩萨项光。佛
　　背光两侧画山石、树木，上空各有一鸟。龛壁下部
　　北侧画男供养人五身，南侧画女供养人六身。

第62龛

时代：唐
形制：长方形浅龛，高0.62、宽0.29、深0.09米
内容：龛内雕一菩萨，右手提净瓶，左手持莲蒂，立于
　　台基上，高0.47米。

第63龛

时代：唐
形制：长方形浅龛，高0.58、宽0.30、深0.04米
内容：龛内雕一菩萨立像，高0.43米。

第64龛

时代：唐
形制：方形浅龛，高1.43、宽1.46、深0.35米
内容：龛内雕一佛二菩萨二天王立像。佛高0.92米。
　　　萨高0.83米。天王足下踏鬼，高0.79米，残毁。
　　　壁画仅存佛顶两侧彩绘流云残迹。
题记：龛顶崖壁上阴刻：

□□□□□□□三日大军□□□(北)(明)
□□桥□□□□□□□□□□□□□□□□
□□□□□见□□□□□部侍郎张楚金□□□□(五)十里/□□□□□□□□□□□□(作)步舆□□
□□□□□□□□□□□有□□□□□圆
□□□□/□□□□□□□(明)也廿七□□□□
□□□□□□□□□□恩德□(初)十
□川□□□□□□□秋稼□畴川东□□
□□□□□□□□李令□将军□□
□□□□□□□李□□□□行□□
□□/□□□□□欣然日更差使人喜□□□□
□□□□□□要于此乃□□□□(河)北岸于
是□□等皋乃阁□□□□/□□□□□□□阁道入
灵岩寺□□西南□□□□□□文南嗜青石为年
□□□□□□□□□□□□□□□□□□□□
(粂)沧海唯此石门最为险狭□□□氏导河□迹施工
之一□□□□□□□□□□□□□□□□□□
□有门之左右各有□□□□□□□上□(也)云霓
初入□门□时成(获)□□□□□□□□来□□
□□□峙削成万仞高林□□□□□合祭泉霞
乱色岩下南北□□□□□□□□孝/□□□□
□布金琼炫日丹素临云满月开□□□琉璃之水冠
曦此曜光浮□□□林又□□□□/宇文槐
珠　造　环□□囊迥秀金堂崛起□□□有□□切观其
□□此寺□□朝所十一□□□□□□/虚韵成□发
水承□□相延□□崖越涧□□□回岸曲阁无所不
周水之东□□□□□□□□/雕蒙绣□□□
考□□石开轩□□□秋高廊西□□紫彬驳焕若仙居
□□□□□□□□□□/犹有土坡
□□丈广州余步黄□□润□□砾□概修营常□□
□□□□□□□□□□□□/若云东西□之上
棋栖道□更有七□□□□□□/之此□中□□□
□□□□□□□□□□□□/上楹□□□□□
□□之□全又云昔□□□□弟又中□(陈)□□□
□□□□□□□□□□□□/胜□宫
□□□□□□□□皆十一年之□□□
□□□□□□□□□□/柏□□□庆径□绝贵
□在每时□□雨□□□□□/水□□□□□□□
□□□□□□□□□/□不□即命四六斋□□□
□□钟□□□□□□道情深

□□□□□□□□□□□/□□戊寅九月乙卯朔二十七日辛□(巳)朝□□去□□部侍郎□□□□□□□□□□□
□□□□□□□□□□□/□(积)石山之灵岩寺素诚晨□□(空)宿□□□□□□神鉴□□□其□□□□□□
□□□□□□□□□/□□有溪万转绿障百重树隐天□(空)□宾□□□□贞藏□□异储真□□□□□
□□□□□□□□□□/□□蹀秀风荣茂琼竹与碧莱云飞陆鹜□□义而膺仁□□之所远□□仙□□□□
□□□□□□□□□/登降俯仰肃焉清虑昔□□之□(莼)□金城勒铭山河孙兴□□□速想□□□□
□□□□□□/□(异)□(芝)□(动)也方乃解衿禅院□道□山庆洞裕宛开摩竭之国□□□窟□(现)
□□□□□□□□秋□(空)□□金炉神烟自像罗汉玉钵□□化生仙崇灵□下青莲之举□浆□
□□□□□□□□/□□戒□(窟)义臻布发林为俯禅三探请情证理□味一音心照□□□
甘□□□□□□□□/□介斜景将颓仆夫振策询香道由寺北而施于是□(行)术蒙龙松磴□密
□苦□□□□□□□□/□其路狭处绿有丈余涧更不□(超)十步五步属曲流将循环径□浩
□侧皆是□颜严素辟邻曦□□武(充)而上秀疏马翼□□□□
□训□□如偃盖□□□□□□□/□丹或翻黄拖翠□(戊)开万象□□千容逾远峭弥深弥□□
一□□□□□□北□□□□□□无□(辰)绝□□此远天迢险穷凡亡□□听俄有则
□□□□□□□□□身亲北而下循鹮□□
如□□膺相□□同流□□□
□□□□□霞开阻风烟于叠嶂□□峰
□□马日月□□□/□曦光□□□□□
俱□□□□□(权)□□□(歌)而竞发氤氲胪螽
□有□□□□□□□/□萝尒纟
□□□□□□□许载斯则向之所□□□求期□□□(如)□□□□□/□妙□仪凤三年十月□□刑□(部)□(侍)郎张楚金撰……/□超初
□□其田□永

第65龛

时代：唐
形制：方形浅龛，高0.60、宽0.59、深0.17米
内容：龛内雕一佛二菩萨，佛善跏趺坐于方座上，高
　　　0.51米。二菩萨侍立于半圆台上，高0.48米。
　　　壁画仅存彩绘佛、菩萨背、项光上莲花、莲叶等
残迹。

第66龛

时代：唐
形制：圆券顶浅龛，高0.40、宽0.29、深0.08米
内容：龛内雕一佛，善跏趺坐于方座上，高0.38米。

第67龛

时代：唐

形制：方形浅龛，高0.57、宽0.58、深0.06米

内容：龛内雕一佛二菩萨，风化严重。佛结跏趺坐于束腰方座上，通高0.55米。二菩萨立于仰莲台上。彩绘佛、菩萨项光。

第68龛

时代：唐。后代补修

形制：长方形浅龛，高0.62、宽0.49、深0.08米

内容：龛内雕一菩萨，左舒相坐于一束腰方座上，通高0.53米。菩萨北侧雕一菩提树。壁画残存彩绘项光痕迹。

第69龛

时代：唐

形制：长方形浅龛，高0.35、宽0.86、深0.03米

内容：龛内雕一佛及四供养菩萨，佛左手持钵，右手抚膝，结跏趺坐于莲花上，高0.32米。四菩萨均胡跪于佛两侧四朵莲花上，面佛供养，高0.27米。花梗相连。

第70窟

时代：唐。明代塑像

形制：平面方形、穹窿顶窟，高3.02、宽3.60、深3.60米

内容：窟内原作已毁，仅存四壁方形孔眼。现存明代塑十一面八臂观音，立于一圆形台上，高2.73米。

四壁现存壁画两层，底层壁画内容已无法辨认，表层为密宗画像。有佛、菩萨、弟子、千佛、宗喀巴、罗汉及一些连续的故事画，大部熏黑或脱落。

题记：窟外门南侧刻划：

临洮府普贤寺上道□□

南壁外侧下角彩绘供养人旁墨书：

忍也阿节　镇南藏卜　作巴巴色

门外北侧刻划：

大元至正廿九年弟子李/完三十一年□

门内北侧下阴刻：

大明万历二十九年弟子□□/□□□□□永□三十一年岁/次癸卯上朔己酉□□□□□/右领□□□□□□□□□/父子□至□□□□□□□/八洞□□□□□七□完已□/□□□□□□□□从乘化□□□□□/□□□□□□□□□□/白氏/□□□□□□□□□□□□□□□□/甘氏汤

□□□□□□□□□□氏□□□/河州□□信士□□□□□立石

第71龛

时代：北魏

形制：圆券顶浅龛，高0.56、宽0.50、深0.10米

内容：龛内雕一佛二菩萨，表面风化严重。佛结跏趺坐，高0.36米。二菩萨侍立，高0.21米。

第72龛

时代：唐

形制：三个并联的尖拱顶浅龛，中龛高0.49、宽0.22、深0.05米，两侧龛高0.28、宽0.09、深0.02米

内容：中龛内雕一菩萨，左手持净瓶，右手持柳枝，立于仰覆半圆台上，高0.40米。两侧龛内各雕一面向菩萨胡跪的供养菩萨，高0.14米。

第73龛

时代：北魏

形制：圆券顶浅龛，高0.30、宽0.23、深0.06米

内容：龛内雕一佛二菩萨。佛结跏趺坐，高0.23米。二菩萨侍立，仅存残痕。

第74龛

时代：隋

形制：实为第82窟门外的力士像

内容：浮雕力士一身，高约2米，风化严重。

第75龛

时代：唐

形制：尖拱顶浅龛，高0.47、宽0.27、深0.06米

内容：龛内雕一菩萨，左手提净瓶，右手举莲蒂，立于半圆台上，高0.37米。

第76龛

时代：唐

形制：两个并联的尖拱顶浅龛，南龛高0.35、宽0.18、深0.05米，北龛高0.27、宽0.09、深0.03米

内容：每龛内各雕一菩萨，均立于半圆台上，南龛菩萨高0.28米，北龛菩萨高0.22米。

第77龛

时代：唐

形制：尖拱顶浅龛，高0.18、宽0.09、深0.03米

内容：龛内雕一菩萨立像，高0.14米，风化严重。

第78龛

时代：唐

形制：方形浅龛，高0.67、宽0.69、深0.20米

内容：龛内雕一佛二菩萨，佛善跏趺坐于方座上，高0.55米。二菩萨侍立于半圆台上，高0.50米。

龛顶画缠枝莲，绿叶、绿枝。壁画仅存佛、菩萨背、项光。

第79龛

时代：唐

形制：方形浅龛，高0.46、宽0.46、深0.10米

内容：龛内雕一佛二菩萨。佛双手于腹前捧钵，结跏趺
坐于束腰半圆座上，通高0.40米。二菩萨侍立于半
圆台上，高0.36米。北侧菩萨左手提瓶，右手举莲叶。
南侧菩萨左手持莲蒂，右手提巾角。
　　壁画仅存彩绘佛、菩萨项光残迹。

第80龛

时代：唐
形制：方形浅龛，高0.44、宽0.44、深0.10米
内容：龛内雕一佛二菩萨。佛双手于腹前捧钵，结跏趺
坐于束腰半圆座上，通高0.36。二菩萨侍立，高
0.34米。
　　壁画仅存残迹。

第81龛

时代：唐
形制：尖拱顶浅龛，高0.44、宽0.18、深0.08米
内容：龛内雕一佛，双手捧钵立于方台上，高0.35米。

第82窟

时代：北周。明重绘
形制：平面马蹄形、低坛基、覆斗顶窟，高1.67、宽1.90、
深1.00米，门道高1.80、宽1.55、深0.78米
内容：窟内塑一佛二菩萨，佛结跏趺坐于一束腰半圆座
上，高0.97米。二菩萨立于半圆台上，高1.18米。
　　窟内现存壁画两层。窟顶和门道露出底层壁画飞
天、流云等。表层壁画为明代重绘，正壁佛两侧画
二弟子，正壁上部和南、北壁画宗喀巴、缠枝莲、
流云等，窟顶正中画一菩萨及二供养菩萨，门道残
存坐佛、菩萨等。

第83龛

时代：唐
形制：尖拱顶浅龛，高0.56、宽0.29、深0.11米
内容：龛内雕一菩萨，立于一方台上，高0.48米，表面
风化严重。

第84龛

时代：唐
形制：尖拱顶浅龛，高0.56、宽0.30、深0.08米
内容：龛内雕一菩萨，左手提衣角，右手持莲叶，立于
一方台上，高0.49米。
　　壁画残存彩绘背、项光残迹，表面风化严重。

第85龛

时代：唐。明重绘
形制：平面马蹄形、低坛基，龛高0.97、宽1.00、深
0.60米
内容：龛内坛基上雕一佛二弟子二菩萨立像。佛高0.66、
弟子高0.56、菩萨高0.36米。

龛顶画圆形光环，壁上方画坐佛及花蔓，均系明
代绘制。

第86龛

时代：唐。明重绘
形制：平面马蹄形、低坛基，龛高1.10、宽1.30、深
0.60米
内容：龛内雕一佛二弟子二菩萨，佛善跏趺坐于方座上，
高0.77米。弟子高0.65米。菩萨高0.70米，均侍立。
　　龛顶画伞盖，龛壁画背、项光及缠枝花纹、团云。

第87龛

时代：唐。明重绘
形制：平面马蹄形、低坛基，龛高1.17、宽1.00、深
0.57米
内容：龛内雕一佛二弟子二菩萨，佛善跏趺坐于方座上，
高0.73米。弟子高0.66米，菩萨高0.60米，均侍立。
　　龛顶画云朵，缠枝牡丹等，龛壁画千佛、枝蔓等。

第88龛

时代：唐
形制：平面长方形、低坛基、平顶龛，高1.78、宽1.18、
深0.66米
内容：龛内雕一佛二弟子二菩萨。佛左手持钵，右手抚膝，
善跏趺坐于方座上，高0.80米。弟子高0.72米，菩
萨高0.74米，均侍立。
　　龛顶彩绘华盖三个及流云、枝蔓等。龛壁画顶光、
背光及坐佛。

第89龛

时代：唐
形制：尖拱顶浅龛，残高0.47、宽0.26、深0.05米
内容：龛内雕一菩萨立像，下半部毁，残高0.40米，风
化严重。

第90窟

时代：唐
内容：窟内已无造像。
　　注：1967年因修大坝被填压。

第91窟

时代：唐。明重绘
形制：平面马蹄形、低坛基，平顶窟，高1.69、宽1.66、
深1.48米
内容：窟内正壁雕一佛二弟子，南、北壁各雕一菩萨一
天王。佛左手抚膝，右手置于腹前，结跏趺坐于束
腰方座上，通高1.14米。二弟子分别高0.93和0.83米，
菩萨高1.08米，均立于半圆形仰莲台上。南壁天王
右手叉腰，左手举塔，足下所踏似小童夜叉，高
1.08米。北壁天王右手举剑，足踏一半卧状夜叉，

躯体已残。窟顶明代画曼荼罗，外围十身坐佛及莲花。
明代彩绘佛、弟子、菩萨、天王背、项光。

第92窟

时代：唐。明重绘

形制：平面马蹄形、低坛基、穹窿顶窟，高1.90、宽1.75、深1.58米

内容：窟内正壁雕一佛二弟子，南北两壁各雕一菩萨一天王。佛左手持钵，右手抚膝，善跏趺坐于方座上，高1.30米。弟子高1.07、菩萨高1.24米，均侍立于半圆台上（南侧弟子头已毁）。天王通高1.00米，北壁天王右手举塔，足踏地鬼；南壁天王左手仗剑，地鬼牛首人身。

窟顶明代彩绘曼荼罗、佛及花蔓等。明代重绘佛、弟子、菩萨、天王背、项光。

第93窟

时代：唐。明重绘

形制：平面马蹄形、低坛基、平顶窟，高1.83、宽2.30、深1.80米

内容：窟内正壁雕一佛二弟子，南、北两壁各雕一菩萨一天王。佛左手持钵，右手扶膝，善跏趺坐于方座上，高1.22米。弟子高1.01米，菩萨高1.12米，均侍立。天王高1.02米，南壁天王右手持带鞘的短剑。北壁天王左手握剑，足下均踏一夜叉。

窟顶正中彩绘曼荼罗。正、南、北壁上方彩绘坐佛二排。

注：窟内正壁佛头，北壁菩萨、天王及南壁天王残毁，1981年由炳灵寺文物保管所复原。

第94龛

时代：唐

形制：平面马蹄形、平顶龛，高1.03、宽1.09、深0.80米

内容：龛内雕一佛二弟子二菩萨。佛左手持钵，右手抚膝，善跏趺坐于半圆座上，通高0.83米。弟子高0.70、菩萨高0.72米，均立于半圆台上，南壁菩萨头已毁。

第95龛

时代：唐。明重绘

形制：平面马蹄形、低坛基、平顶龛，高1.00、宽1.08、深0.78米

内容：龛内雕一佛二弟子二菩萨，佛左手持钵，右手抚膝，善跏趺坐于方座上，高0.79米。弟子高0.69、菩萨高0.75米，均立于半圆台上，南侧菩萨残毁。

窟顶彩绘缠枝牡丹等。明代彩绘佛、弟子、菩萨项光。

第96龛

时代：北魏

形制：长方形浅龛，高0.42、宽1.20、深0.06米

内容：龛内雕七菩萨立像，高0.38米，风化较严重。

第97龛

时代：北魏

形制：长方形浅龛，高0.38、宽0.97、深0.05米

内容：龛内雕六佛立像，高0.36米，风化严重。

第98龛

时代：北魏

形制：圆券顶浅龛，高0.34、宽0.34、深0.06米

内容：龛内雕一佛二菩萨。佛结跏趺坐，高0.30米。菩萨侍立，高0.25米。龛外南侧浮雕二供养人。

第99龛

时代：北魏

形制：圆券顶浅龛，高0.57、宽0.50、深0.07米

内容：龛内雕一佛二菩萨立像，佛高0.50米。

第100龛

时代：北魏

形制：圆券顶浅龛，高0.50、宽0.53、深0.06米

内容：龛内雕一佛二菩萨。佛结跏趺坐，高0.45米。菩萨侍立，高0.35米。

第101龛

时代：北魏

形制：圆券顶浅龛，高0.26、宽0.18、深0.05米

内容：龛内雕一佛，结跏趺坐，高0.18米。风化严重。

第102龛

时代：北魏

形制：长方形浅龛，高0.43、宽2.07、深0.07米

内容：龛内雕十四菩萨立像，高0.38米，与第96龛内七菩萨原为一龛，风化严重。

第103龛

时代：北魏

形制：长方形浅龛，高0.28、宽0.19、深0.06米

内容：龛内雕一文殊菩萨坐像，高0.22米，与第104龛内所雕的维摩诘像成组，风化严重。

第104龛

时代：北魏

形制：方形帐形浅龛，高0.30、宽0.25、深0.05米

内容：龛内雕一维摩诘像，右手持扇，高0.25米，风化严重。

第105龛

时代：北魏

形制：圆券顶浅龛，高0.45、宽0.36、深0.05米

内容：龛内雕一佛二菩萨立像，佛高0.38米，菩萨残高

0.28米，风化严重。

第106龛

时代：北魏

形制：圆券顶浅龛，高0.49、宽0.46、深0.05米

内容：龛内正中雕一交脚菩萨，残高0.35米，两侧二菩萨侍立，高0.25米。

第107龛

时代：北魏

形制：圆券顶浅龛，高0.25、宽0.26、深0.04米

内容：龛内雕一佛二菩萨。佛结跏趺坐，高0.20米。二菩萨侍立，高0.15米。风化严重。

第108龛

时代：北魏晚期

形制：圆券顶浅龛，高0.33、宽0.32、深0.05米

内容：龛内雕一佛二菩萨。佛结跏趺坐，高0.25米。二菩萨侍立，高0.20米。龛外两侧各浮雕一供养人。风化严重。

第109龛

时代：北魏

形制：圆券顶浅龛，高0.27、宽0.29、深0.04米

内容：龛内雕一佛二菩萨。佛结跏趺坐，高0.21米。二菩萨侍立，高0.18米，风化严重。

第110龛

时代：北魏

形制：长方形浅龛，高0.40、宽1.90、深0.05米

内容：龛内雕九菩萨立像，高0.31米，风化严重。

第111龛

时代：北魏

形制：长方形浅龛，高0.40、宽1.70、深0.05米

内容：龛内雕十菩萨立像，高0.35米，风化严重。

第112龛

时代：北魏

形制：圆券顶浅龛，高0.60、宽0.50、深0.10米

内容：龛内正中雕一交脚菩萨，高0.50米。两侧二菩萨侍立，高0.30米。风化严重。

第113龛

时代：北魏

形制：圆券顶浅龛，高0.48、宽0.42、深0.09米

内容：龛内雕一佛二弟子，佛作说法相，结跏趺坐，高0.43米。二弟子侍立，高0.20米。风化严重。

第114龛

时代：北魏

形制：圆券顶浅龛，高0.53、宽0.42、深0.08米

内容：龛内雕一佛二弟子。佛结跏趺坐，高0.43米。二弟子侍立，高0.23米。风化严重。

第115龛

时代：北魏

形制：圆券顶浅龛，高0.50、宽0.42、深0.07米

内容：龛内雕一佛二弟子。佛结跏趺坐，高0.40米。二弟子侍立，高0.23米。风化严重。

第116龛

时代：北魏

形制：方形浅龛，高0.62、宽0.57、深0.10米

内容：龛内雕一思惟菩萨一弟子。北侧菩萨高0.56米，弟子居南而立，高0.36米，举香炉供养。风化严重。

第117龛

时代：北魏

形制：圆券顶浅龛，高0.50、宽0.40、深0.08米

内容：龛内雕一佛二弟子。佛结跏趺坐，高0.40米。二弟子侍立，高0.22米。风化严重。

第118龛

时代：北魏

形制：尖拱顶浅龛，高0.43、宽0.20、深0.05米

内容：龛内雕一立佛，高0.37米，风化严重。

第119龛

时代：北魏

形制：圆券顶浅龛，高0.45、宽0.37、深0.07米

内容：龛内雕一佛二弟子。佛结跏趺坐，高0.35米。二弟子侍立，高0.20米。风化严重。

第120龛

时代：北魏

形制：圆券顶浅龛，高0.50、宽0.50、深0.08米

内容：龛内雕一佛二弟子。佛结跏趺坐，高0.37米。二弟子侍立，高0.27米。风化严重。

第121龛

时代：唐

形制：圆券顶浅龛，高0.70、宽0.62、深0.10米

内容：龛内雕一佛二菩萨立像。佛高0.55米。菩萨高0.37米，仅存残迹。

第122龛

时代：唐

形制：长方形浅龛，高0.75、宽0.38、深0.10米

内容：龛内雕一佛，立于半圆台上，通高0.70米，头已毁，残损严重。

第123龛

时代：唐

形制：长方形浅龛，高0.70、宽0.24、深0.08米

内容：龛内雕一菩萨，左手持净瓶，立于半圆台上，通高0.62米，残损严重。

第124龛

时代：北魏

形制：圆券顶浅龛，高0.63、宽0.49、深0.17米

内容：龛内雕一佛二菩萨。佛结跏趺坐，通高0.54米。二菩萨侍立，高0.30米。

壁画仅存彩绘项光残迹。

第125龛

时代：北魏

形制：圆券顶浅龛，龙首龛楣。龛高1.60、宽1.46、深0.30米

内容：龛内正中雕并坐二佛及二菩萨。佛均半结跏趺坐，高1.13米。龛下方雕二力士，高0.51米，南侧力士右手持金刚杵，北侧力士头毁。

壁画仅存彩绘残迹。

第126窟

时代：北魏。明重绘

形制：平面方形、低坛基、穹窿顶窟，高3.05、宽3.75、深2.95米，圆券顶窟门

内容：龛内正壁雕并坐二佛及二菩萨。佛均半结跏趺坐于方座上，通高2.04米。佛座下北侧一长方形龛，高0.27、宽0.19米，内雕一供养弟子，高0.23米。两侧菩萨，高1.45米。北壁雕一交脚菩萨及二菩萨。交脚菩萨坐于方座上，高1.87米。台座下雕二蹲师。两侧菩萨，高1.40米，西侧菩萨双手合十持荷叶。南壁雕一佛二菩萨，佛半跏趺坐于方座上，高2.00米。二菩萨高1.40米。窟内四壁上部至窟顶分层浮雕千佛、供养人等。正壁主尊上方雕一思惟菩萨及一弟子。

窟顶画藻井，中心为一护法神王，四壁画密宗佛、菩萨、宗喀巴、僧人等，全窟已被熏黑。

题记：窟外门顶上方(第97、98龛之间)阴刻：

大代延昌二年岁次／癸巳六月甲申朔十／五日戊戌大夏郡武／阳部郡本国中政曹／子元造窟一区仰为／皇帝陛下群僚百官／士众人民亡世父母／所生父母六亲眷属／超生西方妙乐回生／含生之类普同福□

第127龛

时代：北魏

形制：圆券顶浅龛，高0.30、宽0.29、深0.04米

内容：龛内雕一佛二菩萨。佛结跏趺坐，高0.27米。菩萨高0.19米，侍立。风化严重。

第128窟

时代：北魏。明重绘

形制：平面方形、低坛基、穹窿顶窟，高3.50、宽3.90、深3.50米，顶略作四面披，正中雕方形藻井，圆券顶窟门，门两侧雕方形石柱、龙首莲花柱头

内容：窟内正壁雕并坐二佛及二菩萨。佛均半结跏趺坐，通高2.10米。两侧菩萨高1.30米。二佛顶部二小龛内分别雕维摩诘、文殊。南、北两壁各雕一佛二菩萨，南壁佛高2.05、菩萨高1.40米，北壁佛高2.00，菩萨高1.33米。佛结跏趺坐，菩萨侍立。南、北两壁内侧菩萨顶，各开一圆券顶浅龛，龛内雕一佛二菩萨，佛结跏趺坐，菩萨侍立。东壁门上上排雕六坐佛，下排雕七立佛，其北侧雕一供养弟子，南侧雕一思惟菩萨及一弟子。

四壁画千佛、菩萨、宗喀巴、护法等。窟外上方雕骑象菩萨，高0.60米，已风化，南侧雕一供养弟子。门外两侧各雕一力士，高1.60米。

注：窟内有裂隙，正壁二佛及南壁佛、北壁坐佛一菩萨原已残毁，1982年炳灵寺文物保管所复原。

第129龛

时代：北魏

形制：长方形浅龛，高约1.50、宽2.00、深0.18米

内容：龛内原雕四立佛及二菩萨，仅存残迹。佛高1.15、北侧菩萨高0.95米。

第130龛

时代：唐

形制：方形平顶龛，高1.00、宽0.99、深0.62米

内容：龛内原雕一佛二弟子二菩萨。佛善跏趺坐于方座上，通高0.76米。弟子高0.64米，其余造像全毁。

窟顶彩绘坐佛、飞天、枝蔓、流云。南、北两侧彩绘枝蔓上坐佛。

第131窟

时代：唐

形制：平面马蹄形、平顶窟，高1.01、宽1.16、深0.94米

内容：窟内雕一佛二弟子二菩萨，佛右手持钵，左手抚膝，善跏趺坐于方座上，通高0.78米。弟子通高0.66、菩萨通高0.76米，均侍立于半圆台上，北侧菩萨已毁。

窟内壁画大部残毁，窟顶彩绘流云、一莲花童子供养。正壁佛两侧画双树，下方画供养弟子及男女供养人两排，浮雕佛、弟子、菩萨项光内画花朵。南壁上部画竹。

第132窟

时代：北魏。明重绘

形制：平面方形、低坛基、覆斗顶窟，高3.50、宽4.10、深3.90米。圆券顶窟门

内容：窟内正壁雕并坐二佛及二菩萨。佛均半结跏趺坐，通高2.60米。两侧菩萨高1.33米。北壁雕交脚菩萨

及二菩萨。交脚菩萨通高2.55米。座下雕一人蹲坐，
托举菩萨双足。两侧菩萨高1.37米。南壁雕一佛二
菩萨。佛作说法状，半结跏趺坐，通高2.50米。东
侧菩萨高1.55米，西侧菩萨高1.35米。东壁门上开
一圆券顶龛，龛内雕释迦涅槃像，长2.15米。头前
一弟子跪坐扶枕，身后八弟子各作举哀状。

　　窟顶雕斗四藻井，莲花化生井心。周围画坐佛、
菩萨，窟内四壁上方画药师佛、观音。
注：北壁东侧菩萨头部于1982年由炳灵寺文物保管所
　　复原。

第133窟

注：在第134窟的下方，因修大坝被淹埋。

第134窟

时代：北周。唐重修重绘
形制：平面马蹄形、高坛基，窟高2.80、宽3.64、深
　　　1.80米，圆券形窟门
内容：窟内正壁塑一佛二菩萨。佛结跏趺坐于方座上，
　　　通高1.14米。座下塑莲瓣。二菩萨穿靴立于低圆台上，
　　　通高0.96米。二菩萨外侧各置一泥塑结跏趺坐佛，
　　　高0.70米。南、北壁坛基上各塑一立佛。南壁佛通
　　　高1.10米，北壁佛通高1.00米。

　　　窟顶前部北周绘千佛，正壁坛基下绘供养比丘，
　　　北壁画菩萨。正壁唐绘佛背、项光，两侧画骑狮文殊、
　　　乘象普贤、四方赴会菩萨、弟子。南壁内侧画供养
　　　比丘。窟前部壁上画千佛。
题记：正壁坛基下绘供养比丘共十九身，墨书题名(自北
　　　而南)：

　　　……

　　　邑子比丘道□／供养诸佛时
　　　邑子比丘慧□／供养佛时
　　　邑子比丘智馥／供养佛时
　　　□坐比丘僧和／供养佛时
　　　□□比丘惠□／供养佛时
　　　□□比丘县相／供养佛时
　　　……
　　　邑子比丘县藏／供养佛时
　　　……
　　　邑子比丘／□供养佛时
　　　□(邑)□(子)比丘智林／供养佛时
　　　□用邢智钦／供养佛时
　　　邑子比丘县兴／供养佛时
　　　邑子比丘县旷／供养佛时
　　　□(邑)□(子)比□(丘)□□／供养
　　　……
　　　邑子比丘荣贵／供养佛时
　　　……

　　　供养比丘行列中间墨书题记：
　　　……………／……………／……………／……

／□□主一心供养佛时……／……佛弟子莫文政一
心供养佛时／……供养佛时鲁□子／清信弟子张行
见一心供养佛时

　　坛基南侧墨书：

　　一 年 六 月 廿四日秋乡／□□郑生秘上令遣此间
检校一／□□□为祀一拜命日不惟忘为记／……禅
一心向此间

第135窟

时代：唐
形制：平面马蹄形、低坛基，窟高1.31、宽1.20、深
　　　1.15米
内容：窟内原雕一佛二弟子二菩萨，佛、弟子均毁。南
　　　北两壁二菩萨均立于半圆台上，通高0.84米。北壁
　　　残毁，致此窟与第136窟相通。

　　　窟顶画莲花，中央一菩萨。四壁残存明代彩绘佛、
　　　菩萨、护法、花蔓等。正壁佛背光上绘一金翅鸟，
　　　两侧画护法及凤鸟。
题记：窟外南侧壁上宋人阴刻：

　　　□(上)受宝圭之元年十二月／二十三日洮西守将
何灌／率□(王)□(安)陈永刘德修程之／仪高公亶
胡礼彭寔詹至／李□仁孙昌符单觉民裴／硕何□(天
)任晨发郡城绝冰／□(河)□(尽)灵岩胜概乃还
龛外顶部浮雕藏文六字真言。

第136窟

时代：唐。明重绘
形制：平面方形、低坛基，窟高1.45、宽1.45、深1.30
　　　米
内容：窟内雕一佛二弟子二菩萨。佛结跏趺坐于一束腰
　　　方座上，通高1.08米。二弟子高0.90米，二菩萨高
　　　1.02米，立于半圆台上。

　　　窟顶绘圆形曼荼罗，正中一佛，周围八佛。壁面
　　　画密宗佛、菩萨及枝蔓，重绘佛与菩萨忍冬纹背、
　　　项光。

第137窟

时代：唐。明重绘
形制：平面马蹄形、平顶窟，高0.96、宽0.93、深0.60米
内容：窟内原雕一佛二弟子二菩萨立像。佛右手持钵，
　　　通高0.75米，两侧壁上各有一凿眼。菩萨高0.65米。
　　　二弟子已毁。
　　　壁上及顶部画三佛，正壁两侧画二弟子。

第138窟

时代：唐。明重绘
形制：平面方形、低坛基，窟高1.70米、宽1.66米、深
　　　1.50米
内容：窟内雕一佛二弟子二菩萨。佛结跏趺坐于束腰方
　　　座上，通高1.17米。弟子高1.02米，菩萨高1.13米，

均侍立于半圆台上。

窟顶中部绘曼荼罗，四周画坐佛及菩萨等。壁面画千佛、菩萨、护法。

第139龛

时代：唐。明重绘

形制：平面马蹄形、低坛基，龛高0.97、宽0.92、深0.36米

内容：龛内原雕一佛二弟子二菩萨立像。佛右手持钵，高0.63米。菩萨高0.62米。二弟子已无。

壁画残存明代重绘花朵等痕迹。

第140窟

时代：北魏。明重绘

形制：平面长方形、低坛基、圆券顶窟，高1.85、宽1.65、深0.95，圆券形窟门

内容：窟内雕一佛二菩萨。佛手作说法状，半结跏趺坐于方座上，通高1.56米。二菩萨立于低方台上，高1.04米。

窟顶绘五佛。正壁佛两侧彩绘二弟子、龙头、金翅鸟。南、北二壁内侧上方各绘一菩萨，北壁外侧绘一持钵童子。

第141龛

时代：唐。明重绘

形制：平面马蹄形、平顶龛，高0.98、宽0.99、深0.45米

内容：龛内原雕一佛二弟子二菩萨立像。佛通高0.73米，菩萨通高0.71米。二弟子已无。

壁画残存明代重绘残迹。

第142龛

时代：唐

形制：平面马蹄形、低坛基、平顶龛，高0.98、宽0.97、深0.41米

内容：龛内原雕一佛二弟子二菩萨，现仅存南壁弟子，高0.59米。

第143龛

时代：？。清绘

形制：平面长方形，圆券顶龛，高1.75、宽1.45、深1.10米

内容：龛内造像全毁。

壁画二僧及花卉为清代所作。

第144窟

时代：北魏。明重绘

形制：平面方形，低坛基、盝顶窟，高3.32、宽3.80、深3.00米

内容：窟内正壁雕并坐二佛及二菩萨。二佛结跏趺坐于

长方座上，残高1.70米。二菩萨侍立，残高1.18米。南、北二壁各雕一佛二菩萨。佛半结跏趺坐于方台座上，残高1.70米。二菩萨侍立，残高1.35米。

壁画明代重绘千佛、菩萨、护法等。

题记：窟内南壁有藏文题记一方，已漫漶。

第145窟

时代：北魏。唐改建，明重绘

形制：平面方形、低坛基、平顶窟，高2.80、宽4.60、深4.62米

内容：窟内造像全无。

壁画大部脱落，残存明代彩绘密宗神王、护法、佛、菩萨及亭台楼阁等。

第146窟

时代：北魏。明重修

形制：平面方形、盝顶窟，高2.79、宽2.74、深2.86米，正、南、北壁各开一圆券顶浅龛

内容：正壁龛内雕一佛二菩萨。佛半结跏趺坐于方座上，通高2.20米。二菩萨侍立，高1.26米。北壁龛内雕一佛二菩萨。佛半跏趺坐，通高2.20米。二菩萨侍立，通高1.26米。南壁龛内雕一佛二菩萨，佛通高2.20米，菩萨通高1.26米，东侧菩萨已毁。

注：第144、145、146三窟相联，为同一时期在统一布局下开凿的，由窟外柱眼痕迹知原有木构建筑。

第147窟

时代：唐。明重绘

形制：平面马蹄形、低坛基、平顶窟，高3.70、宽5.80、深5.75米

内容：窟内正壁原雕一佛二弟子，南、北两壁各雕一菩萨一天王。正中一莲台上雕一菩萨。佛善跏趺坐于束腰方形座上，通高2.90米。弟子残高2.40米，菩萨残高2.50米，侍立于仰覆莲台上。天王足踏须弥山，残高2.40米。

窟顶彩绘曼荼罗。四壁画密宗佛、菩萨等。

注：此窟于清同治年间因民族纠纷毁于战火，现存造像大多断头残臂。

第148窟

时代：唐。明重绘

形制：平面马蹄形、低坛基、平顶窟，高1.20、宽1.46、深1.19米

内容：窟内雕一佛二菩萨二天王。佛右手置于腹前，手心朝上，左手抚膝，结跏趺坐于束腰方形座上，通高0.91米。二菩萨立于半圆台上，通高0.80米。二天王足踏山形台，通高0.79米。

窟顶绘圆形光环及七佛，四周画供养童子及流云等。正壁佛两侧画二弟子及菩萨等，南、北壁画菩萨、护法及花蔓。

题记：窟外北侧壁上阴刻碑文一方（高1.32、宽0.98米）：

灵岩寺记　□□□□副使缮部郎中魏季随文／钟
羌不庭虐乱西鄙岁践更华毒于华人年久开元皇帝大
怜黔黎子□□□□□□□□□□□□□谋尔孙式
／敬惟畅德迹潜训化融滋草颥神钦开且已百衱泊开
元岁边守不□度□□或金以□心□□□□□闲道洽
／而意柜壤制兵罗而形束干戈日□徽委□□人祊金
以□（乱）□□勒□□□□□□□□□□□□以稽
颉求／□岩而厥角君臣聚谋北面争拜首道推长来怀
以宾体拏□（擢）以步息□□□□□□□□□以步息
王曰忘怒／念其姻旧之戚许以自新之惠思所以还
□王命奉鸿休克难其人异□□□□□□□□□□□
□之于／御史大夫清河崔公公德而武礼而文果而谋
获勇沈而大度故天下之人一拜□（再）□（拜）□□□
贵也谓智□□／□襟谋任启鼎命临重夷修陇于康庄
精诚感深逦遥躔于衱席□国□以长□□□□□□□
□天阙□／云门龙堂洞开了绝人境斫岩石以层构抱
河湾而削壁月梵清宇花筵散香肃□正□□□□□天
知以露清乃／解亲体之服节充肠之膳减囊橐以轻赍
收金赎以惩慝美利甘诱骨扣□□□□□□□□□□
□□呼去真／宇　理　铒　轩恃缘结以除妄得疑破而
安适步自川远幂于山幽林密暗空飞来度□□□□□
□□□□天而攒／玄虚洞潜盎中屑窬而有声澄泽闼
阴下窀睢以无涯松茑千古莺花一春白凤阙开□□□
□□□□混戊屏／翠爱命书佐纪之岩楹时开元十九
春三月龙集辛未六□□／使御史大夫上柱国魏县开
国侯崔琳　判官鸿胪寺丞王攸　判官鸿胪寺主簿□
□　判官晋州参军李浑／判官胜州参军崔颢　别奏
左卫率府长上折冲景游营　右靖道率府中候茹真
□□鸿胪典客令贺忠庆／鄯州兵曹参军陆玄昭　吏
部选任齐参　吏部选王承先　吏部选张谦兵部□□
□芝　吏部选许庭国／吏部选唐慈　吏部选李淡然
吏部选裴惟谟　吏部选王鉴　吏部选何献鼎　□□
□州沁□府折冲□／毗楼　河南府巩洛府别将郑国
庭　泾州泾阳府别将卢晑　殿中尚药直长郡金□
□州金□府别将康／思暕　傔□四品孙金修礼　五
品孙乔迁寻　四品子权儦　品子赵子琪　云骑尉□
□俊　一品（孙）长孙元／适五品孙宋思钦　进士
张茂琪　五品孙姚曰迁　五品孙李如玉　国子监□
□□少通　品子裴忠晦／品子康胡子　品子赵令望
品子乐崇晖　轻车都尉孟耀之　品子吕芳琛　品子
□光国　四品子马骦／品子杨聿　上柱国吕孝琼
品子张嘉慎　御史台令史杨廷诲　司勋令史赵□祥
都官令史□宾王　将作监府史王升进　鸿胪寺府史
卫如琳　鸿胪寺府史王曰屯鸿胪寺府史□□□
鸿胪寺□（府）史王兰／鸿胪寺府史巨承贵　太常寺
府贾昂常可意张如玉王□子□伏宝／和吐蕃使正议
大夫内侍上柱国涂玄琛判官朝仪郎行内省宫闱局令
上柱国□□□　云（骑）□（尉）绯鱼袋／康承献

飞骑尉杜意　傔霍顺义　上柱国陈思问　品子王凤　佚
三卫□守□□上柱国史元信／奏事使送和吐蕃使游
骑将军上柱国赵仁堪　陇右文□营田副使经略军司
马王□（允）／陇右节都支度营田副大使云麾将军右
羽林将军□御史中丞检校鄯州都督上柱国□中珪／
朝散大夫使持节河州诸军使试河州刺史兼知平夷五
门守捉及当州营田使上柱国王谞／检校大夫功德僧
灵岩寺无量　都检校大夫功德官权知河州安乡县令
上柱国□□　行尉王警献

　　碑北侧尚有藏文题记一条。

第149窟

时代：唐。元、明重绘
形制：平面马蹄形、低坛基、平顶窟，高1.00、宽1.20、
　　　深0.95米
内容：窟内原雕一佛二弟子二菩萨立像。佛通高0.75米，
　　　菩萨高0.66米，均立于半圆台上。二弟子已失。
　　　窟顶彩绘圆形光环，饰水波纹。佛两侧彩绘二弟
　　　子及菩萨、护法等。
题记：南壁门框墨书：
　　　大明王□……

第150窟

时代：唐。元、明重绘
形制：平面马蹄形、低坛基、平顶窟，高1.35、宽1.52、
　　　残深1.00米
内容：窟内原雕一佛二弟子二菩萨二天王。佛结跏趺坐
　　　于半圆束腰座上，通高0.88米。二菩萨高0.77米，
　　　立于半圆台上。二弟子和北壁天王已毁，南壁天王
　　　左手叉腰，右手举山，高0.74米。
　　　窟顶画曼荼罗，前部已崩塌。正壁佛两侧彩绘二
　　　弟子及坐佛、花蔓等。

第151窟

时代：唐。西夏重塑，明重绘
形制：平面马蹄形、低坛基、平顶窟，高1.46、宽1.80、
　　　深1.35米
内容：窟内原雕造像已无，前壁坍毁，现存西夏塑一佛
　　　二弟子二菩萨一天王。佛左手于腹前，右手抚膝，
　　　结跏趺坐于仰莲式束腰方座上，通高1.20米。弟子
　　　高0.98、菩萨高1.03米，均立于半圆台上。天王高
　　　1.03米，已毁。
　　　窟顶彩绘曼荼罗。正壁画佛传故事"乘象入胎"、"树
　　　下诞生"、"太子比武"、"涅槃"等。南、北二壁画菩
　　　萨、弟子等。

第152龛

时代：唐。明重绘
形制：平面马蹄形、平顶龛，高0.78、宽1.00、深0.67
　　　米

内容：龛内原雕一佛二弟子二菩萨立像。佛右手持钵于胸前，左手握衣角，残高0.59米。菩萨高0.55米。龛的前半部崩塌，原二弟子及北壁菩萨无存，南壁菩萨臂残，其余风化严重。

壁画残存佛两侧彩绘二弟子。

第153窟

时代：唐

形制：平面马蹄形、低坛基，窟高1.15、宽1.52、深0.60米

内容：窟内原雕一佛二弟子二菩萨。佛结跏趺坐于半圆束腰座上，高0.50米。菩萨残高0.65米。窟前半部崩塌，弟子及北壁菩萨无存。

壁画仅存佛两侧彩绘二弟子及坐佛残迹。

第154龛

时代：唐。明重绘

形制：平面马蹄形、低坛基、券顶龛，高1.10、宽1.12、深0.40米

内容：龛内原雕一佛二弟子二菩萨。现龛前半部已崩塌，仅存北壁菩萨，高0.60米。

壁画仅存残迹。

第155龛

时代：唐。明重绘

形制：平面马蹄形、低坛基、平顶龛，高1.07、宽1.07、深0.68米

内容：龛内雕一佛二弟子二菩萨，佛右手手心朝上，置于腹前，左手抚膝，结跏趺坐于束腰座上，通高0.66米。弟子通高0.64、菩萨通高0.63米，均立于半圆台上。

龛顶画千佛。壁面上画花蔓及坐佛等。

第156窟

时代：唐

形制：平面方形、低坛基、平顶窟，高1.07、宽1.10、深0.96米。

内容：窟内明代塑舍利塔一座。原石雕造像未完成，现存石胎。

第157龛

时代：唐

形制：平面马蹄形、低坛基、平顶龛，高0.95、宽1.05、深0.85米。

内容：龛内原雕一佛二弟子二菩萨。现仅存南壁菩萨，右手持净瓶，立于半圆台上，通高0.68米。

龛顶画伞盖，已残。壁画仅存彩绘背、项光，残存花朵。

第158龛

时代：唐

形制：平面马蹄形、低坛基、平顶龛，高1.00、宽1.15、深0.85米

内容：龛内原雕一佛二弟子二菩萨立像。佛右手持钵，高0.69米。菩萨通高0.67米。龛的前半部崩塌，二弟子及北壁菩萨无存。

第159窟

时代：唐。明重绘

形制：平面半圆形、低坛基、平顶窟，高1.05、宽1.26、深1.10米

内容：窟内原雕一佛二弟子二菩萨二天王。佛结跏趺坐于半圆形束腰座上，通高0.86米。二菩萨通高0.67米，侍立。北壁天王右手举山、足踏夜叉，通高0.77米。窟的前半部崩塌，二弟子及南壁天王已毁。

佛两侧彩绘二弟子，其余壁面绘坐佛、菩萨及花蔓等。

第160龛

时代：唐

形制：平面半圆形、低坛基、平顶龛，高0.94、宽0.96、深0.50米。龛形残毁。

内容：龛内原雕一佛二弟子二菩萨。现仅存南壁菩萨，立于半圆台上，通高0.58米。

壁画仅存残迹。

第161龛

时代：唐。明重绘

形制：平面半圆形、低坛基、平顶龛，高0.80、宽0.96、深0.53米

内容：龛内雕一佛二弟子二菩萨，风化严重。佛右手持钵立于半圆台上，高0.63米。二菩萨高0.53米，侍立。二弟子已无存。

壁画仅存残迹。

第162龛

时代：唐。明重绘

形制：平面半圆形、低坛基、平顶龛，高1.00、宽1.16、深0.56米

内容：龛内原雕一佛二弟子二菩萨。佛通高0.73米，菩萨通高0.67米，均立于半圆台上，风化严重。二弟子已无存。

壁画仅存残迹。

第163龛

时代：唐。明重绘

形制：平面半圆形、低坛基、平顶龛，高0.95、宽0.92、深0.52米

内容：龛内原雕一佛二弟子二菩萨。现仅存南、北二壁菩萨，立于半圆台上，高0.60米。

正壁彩绘菩萨三身，南、北两侧绘菩萨及花蔓等，

均残。

第164龛

时代：唐。西夏重绘

形制：平面半圆形、低坛基、平顶龛，高1.20、宽1.10、深0.75米

内容：龛内原雕一佛二弟子二菩萨，佛为西夏时重塑，双手置于腹前作禅定印，结跏趺坐于仰覆莲座上，通高0.97米。二菩萨侍立于半圆台上，高0.67米。二弟子已无存。

壁画仅存残迹。

第165龛

时代：唐。明重绘

形制：平面方形、低坛基、平顶、南北双龛，南龛高0.75、宽0.74、深0.60米，北龛高0.77、0.95、深0.65米

内容：两龛造像全无，壁画已模糊。南龛内残存彩绘供养人等。北壁顶残存唐代画西番莲纹华盖及云纹，龛内存明代画人物。

第166龛

时代：唐

形制：平面近方形、低坛基、平顶龛，高1.03、宽1.30、深1.24米

内容：龛内原雕一佛二弟子二菩萨，现龛顶及底部崩塌，仅存正壁佛及南壁弟子和菩萨。佛结跏趺坐于半圆束腰座上，通高0.82米。弟子高0.73、菩萨高0.67米，均立于半圆台上。

壁画仅存佛项光残迹。

第167窟

时代：唐

形制：平面近方形、低坛基、平顶窟，高1.33、宽1.43、深1.33米。

内容：窟内原雕一佛二弟子二菩萨二天王。窟前半部崩塌，仅残存菩萨及南壁天王。菩萨残高0.76米，天王高0.76米。另残存明代舍利塔一座。

壁画残存窟顶飞天，流云、华盖等及北壁菩萨。

第168窟

时代：唐。元、明重绘

形制：平面近方形、低坛基、平顶窟，高2.38、宽2.45、深2.56米。

内容：窟内正壁雕一佛二弟子，佛左手抚膝，右手五指并拢朝上举于肩前，善跏趺坐于方座上，通高1.70米。二弟子立于仰莲台上，高1.55米。南侧弟子左手串珠，北侧弟子双手合十。南、北壁各雕一菩萨一天王。二菩萨分别左、右舒相坐于一束腰方座上，通高2.00米。南壁天王右手叉腰，左手半举握拳，足踏

山石，通高1.54米。北壁天王风化严重。窟内北壁前部崩塌。

窟顶彩绘曼荼罗。四壁残留壁画，以南壁保存较好，画佛、弟子、菩萨及护法神等。

题记：南壁菩萨顶部墨书六字真言。

窟外南侧崖壁上阴刻西夏文六字真言。

第169窟

时代：西秦。北魏补塑

形制：形状不规则的天然窟。高15.00、宽26.75、深19.00米

内容：窟内龛像及壁画共编号24个，顺序记述如下：

编号：1

时代：西秦

形制：浅龛，高约0.67米，龛下垫木板

内容：依崖壁塑并坐二佛，均结跏趺坐，已残。

彩绘二佛火焰纹背、项光，二佛之间画一菩萨。

编号：2

时代：西秦

形制：岩壁转角间插木桩用泥补作浅龛，高0.86、宽1.30米

内容：龛内塑大小二佛，分别高0.64和0.41米，均作禅定印，结跏趺坐。

彩绘佛背、项光。东侧残存三组壁画：第一组画一佛，禅定印，结跏趺坐于莲座上，左侧墨书"陀□□□"第二组仅残存人物下肢，第三组画一菩萨立像，已残。

题记：左侧佛背光右方墨书：
天宝十三载
天水郡人康伏奚一心供养
龛左侧上方墨书：
比丘郎智／□□李靖□

编号：3

时代：北魏延昌四年之前

形制：岩壁斜坡上以树桩作篱笆敷泥塑成背屏，平面半圆形，龛高2.30、宽2.30、深0.65米

内容：龛内塑一佛一菩萨一天王。佛作禅定印，结跏趺坐，高1.35米。东侧天王左手持剑，右手举金刚杵，高1.28米。西侧菩萨左手举一麈尾，高1.30米。菩萨、天王均侍立。

佛顶彩绘华盖，项光内绘九坐佛，背光上绘伎乐，两侧各绘一飞天。佛龛东侧壁上残存壁画佛教故事。另有一坐佛。

题记：龛内南侧菩萨右肘处北魏、唐人墨书：
大代延昌四年鄯善镇铠曹椽智南郡书千陈雷子等□窟□□
天水郡人康伏涣供养天宝十二载
佛东侧刻划：
信士杨东曾拜

墨书：

睢阳………／上柱国李元阳礼拜一心／侠良□皇
王国神礼拜／方火忽管泾川四开府于闻无……／乾
元三年正月一日

龛右侧背屏侧面墨书：

秦州道人法通□供养佛时

编号：4

时代：西秦

形制：圆券顶浅龛，高约2.5米，宽约3.00米

内容：龛内塑三立佛，龛外东侧又一小圆券

龛内塑一坐佛，均风化严重。

编号：5

时代：北魏

形制：平面半圆形、背屏龛，高1.19、宽1.40、深0.54米。

龛之北侧、第6号龛背后，上下三层各一圆券龛

内容：背屏龛内塑二佛，立佛高0.95米。另一佛善跏趺坐。

三层圆券龛内各塑一佛，结跏趺坐，高0.33米。

题记：龛内北壁墨书：

木匠姓郭三尺高／上八洞前显英豪／功圆果满成
正觉／九玄七祖尽都超

嘉靖十六年岁在丁酉十二月初八日洮阳眷生王制
□／王傲／伏生／李藩／王朝阳／王朝宗／王朝臣

龛背屏北侧柱上墨书：

信士佛弟子使持节都督洮州／诸军事安□□军世
袭洮州刺／史□州都督洮阳公姜□／河州卫指挥韩
经同舍韩彦隆舍钉四十根正月初八到／此拜佛

编号：6

时代：西秦建弘元年（公元420年）

形制：岩壁上插木桩敷泥塑成三瓣莲形背屏龛，平面半
圆形，高1.70、宽1.50、深0.76米

内容：龛内塑一佛二菩萨。佛作禅定印，结跏趺坐于**覆
莲座**上，通高1.55米，墨书题名："无量寿佛"。北
侧菩萨，高1.11米，墨书题名："得大势志菩萨"。
南侧菩萨，高1.18米，墨书题名："观世音菩萨"。
二菩萨均侍立于莲台上。

佛火焰纹项光内彩绘忍冬纹。背光上两侧各绘伎
乐五身。北侧菩萨上方壁画十方佛，上、下两排，
均结跏趺坐。上排墨书题名"东□明智佛"、"北方行
智佛"、"西方习智佛"、"南方智火佛"、"东□□□□"，
下排"上方伏怨智佛"、"下方梵智佛"、"西北方自在
智佛"、"西南方上智佛"、"□□□□□□"。北侧菩
萨以北壁画一立菩萨，墨书题名："弥勒菩萨"。以
北南侧画一立佛，墨书题名："释迦牟尼佛"。其下
画男女供养人。立佛东侧上部画一坐佛，双手持钵，
墨书题名："药王佛"。其下画一比丘，墨书题名：
"**沙弥僧集之像**"。立佛东侧下部画供养人。

题记：龛北立佛东侧中部墨书题记一方，宽0.87、高
0.47米，自第九行起，字迹可辨：

□□□□□……□□(指)乘□□□□□□□□□
□曰歌／□□□□□之在□(口)□□(穷)□(辟)

□□□□□□□□□□□之像／□□□……□□(鸾)□
坦步而闲□□□□□□□□／□□……语嘿与
□(当)□□□□□□□□□□则灭／……也则
神晖□□□□□……□无／之训、之以有□
(适)□□□□□(之)□□□□□(也)□□□□□
河／□五清台郎□□信□□□□起□□□□佛
悟／□□(衿)□(道)味遂请妙匠容慈尊像神姿□□
(茂)□□□□□二／□萨□(量)作慈氏作庶欲□
□以□四生□□□以□九□□(均)／□于生□□至
极于隆出□□□(大)□(乘)卑愿□灵□□□／
(要)诣齐真境彰以□缘□(窥)□□遇奉□□(名)胜
咏□□□□／全寄□(帝)音灵魔关□即灵舒光国□
(家)□□□□□□□□／□(理)与妙来迹随化佳
曰寄□迹变□□聿涂出□□□□真□(温)无／□容
世苑停荫道枢唯钦唯尚宙□灵荷美苑□(晴)台□会
□□□弘四□圆机化机乃□斑匠神仪重晖舍兹远
悟圣景埶追／建弘元年岁在玄枵三月廿四日造

龛侧壁画弥勒菩萨和释迦牟尼佛下方供养人墨书
题名：

清信女妾王之像

乞伏罢集之像

建弘元年墨书题记下第一排供养人墨书题名（西
起）：

□国大禅师昙摩毗之**像**

比丘道融之**像**

第二排供养人墨书题名：

比丘慧普之**像**

博士安□□□之**像**

侍军□宁□□之**像**

皇黍深伯熙之**像**

□生金戍□□之**像**

编号：7

时代：西秦

形制：岩壁上插木桩敷泥塑成背屏龛，高3.15米、残宽
2.40米

内容：原可能塑三立佛，现存中间一佛，高2.45米。北
侧一佛大部残毁。

项光彩绘火焰纹、莲花及坐佛十二身，背光画十
飞天。

编号：8

时代：北魏

形制：背屏龛，高0.87、宽0.72、深0.15米

内容：塑二结跏趺坐佛，一佛高0.47，另一佛高0.41米。

编号：9

时代：西秦

形制：背屏龛，高1.50、宽0.93、深0.11米

内容：并排塑三立佛。西起第一身立于覆莲台上，高
1.05米。第二身立于半圆台上，高1.09米。第三身
双足与圆台已毁，高1.01米。

三佛背、项光彩绘火焰纹、联珠纹、忍冬纹等。

编号：10

时代：西秦

形制：壁画，高0.74、宽0.85米

内容：表层壁画结跏趺坐佛，墨书题名"释迦牟尼佛"。右侧一菩萨胡跪向佛，墨书题名"维摩诘之*像*"。西侧露出底层白地上画一结跏趺坐佛像，墨书题名："释迦文佛"。右侧一菩萨结跏趺坐于覆莲座上。

编号：11

时代：西秦

形制：壁画，高2.00、宽1.00米

内容：自上而下可分三组。第一组画二立佛及供养人。第二组画一结跏趺坐佛及二菩萨，东侧菩萨墨书题记："日光菩萨"，西侧"华严菩萨"。西侧菩萨上方绘一飞天，下绘一供养比丘及三女供养人。第三组西侧彩绘一半跏趺坐佛及二菩萨。中间彩绘一佛结跏趺坐于莲座上，墨书题记："无量寿佛"。东侧墨线勾一长方框，内画一半卧菩萨，身前一菩萨侍立，墨书题记："维摩诘之*像*／侍者之*像*"。第三组下方东侧画并坐二佛，墨书题记："释迦牟尼佛多宝佛"。

题记：第二组菩萨东侧墨书：

　　恒州纥奚河曹供养佛早得家保佑伏华还

　　第三组中间坐佛右下侧有墨书题铭：进香赵□

赵继宗　赵梅　杨□　赵宁　赵芳　赵真一心进香

河州安乡县嘉靖三十三年四月十八日具心

维摩诘之*像*右侧唐人墨书：

　　清信弟子(邢)春感一心供养／仪凤四□□□□五日

编号：12

时代：西秦

形制：壁画，高2.35、宽3.00米

内容：佛结跏趺坐于圆形覆莲台上，二菩萨侍立。西侧菩萨上方画二飞天，一西域人胡跪于佛座西侧双手合十向佛。图上方画坐佛、立佛、飞天。

题记：壁画旁墨书题记：

　　道贵供养佛时

　　汉正刘相奴供养佛时

　　法显供养佛时

　　道聪之*像*

　　河州安乡县□于此一心礼拜／杨□后记

　　秦州道人道聪供养佛时

　　恒州道人法显康乐而也礼拜／佛时沙弥弘慈之*像*

　　古郡信士罗尚锦进香

　　山西信士王道　进香

　　信士刘良臣男刘应熊

　　衡州人纥奚河曹供养佛早得家保□(佑)华还／庞要遇／来文乡供养／回慈

　　嘉靖三十三年四月十八日具心

　　佛弟□□贠□／秦州陇城县□(防)／秋健儿郭思□／于此修尊检校／□□一心供养／佛敬记之／□(正)德四年正月□(廿)□(三)□(日)

编号：13

时代：西秦

形制：壁画，高2.00米、宽约3.00米

内容：画一佛二菩萨，残留华盖及上方飞天、菩萨、化生童子等，墨书题记："释迦牟尼佛"、"定光佛"、"比丘慧娘之*像*"。

编号：14

时代：西秦

形制：背屏龛，高0.70、宽1.05、深0.21米

内容：塑三佛，均结跏趺坐，西起第一身高0.55米，第二身高0.44米，第三身残高0.30米。

　　彩绘佛背、项光。第一身坐佛西侧画一佛，墨书题记："释迦牟尼佛□□……／□累阿难时沙弥……"第三身佛东侧壁画佛、菩萨、供养人。

　　三坐佛及壁画上方墨书《佛说未曾有经》，自左而右共53行，下部多漫漶。

题记：供养人墨书题名：

　　石可□显／石□□□海／未□□

　　壁画东侧墨书：

　　敦皇翟奴之*像*

　　阿育王本为小儿／以上施佛时

　　朝游灵岩入洞府／别是人间另一界／四维上下无着处／真乃虚空天外天

　　天宝十三年　天水郡

编号：15

时代：西秦

形制：泥砌土墙，高3.52、宽4.78、厚0.50米

内容：正面画千佛，下部残

题记：墨书：

　　开皇十八年九月二日六道□□

　　嘉靖卅一年十二月□日／河州刺史□世□／朱邦彦／纪系智／全□□

　　崇祯丙寅梅月马兰释子明忆到此叩题

编号：16

时代：西秦

形制：背屏龛，高1.13、宽1.50、深0.17米

内容：原塑三立佛，现存二佛，中佛高0.92米，南侧佛高0.83米，背屏残。彩绘背，项光。

题记：南侧佛背光北侧墨书：

　　天水郡人支院吕鸾张□(选)权朝于此礼拜

编号：17

时代：西秦

形制：平面长方形，尖拱顶龛，残高3.76、宽2.80、深1.00米，台基高0.80米。

内容：龛内原塑一佛二菩萨。现仅存南侧菩萨及佛双足。菩萨高2.43米。台基前并排石胎泥塑五佛，结跏趺坐，高0.50米。五佛北侧塑左舒相坐思惟菩萨一身，高0.63米。

编号：18

时代：西秦

形制：岩壁上大小不等浅龛13个

内容：每龛内各雕一佛，居中舟形龛内一立佛，高约4米。
　　　坐佛十一身作禅定印，结跏趺坐。

编号：19

时代：西秦

形制：泥砌土墙，高2.12、残宽2.95、厚0.23米

内容：正面画千佛。

题记：墨书：
　　　崇祯十一年四月初八日□□上香信士刘□轩
　　　康熙二十六年八月廿四日上洞朝拜

编号：20

时代：西秦

形制：泥塑浅龛五个，高1.00、深0.19、共宽3.00米

内容：每龛塑一坐佛。东起第一身作禅定印，结跏趺坐，
　　　残高0.61米，下部残毁。第二身结跏趺坐，残高
　　　0.25米，残损较甚。第三身佛苦修像，结跏趺坐，
　　　高0.53米。第四身作禅定印，结跏趺坐，高0.73米。
　　　第五身结跏趺坐，高0.58米，下部残损。

编号：21

时代：西秦

形制：背屏龛二个，东侧龛高1.10、宽1.30、深0.29米，
　　　西侧龛高1.07、宽0.90、深0.18米

内容：每龛内塑一佛，作禅定印，结跏趺坐，高0.68米。
　　　残存彩绘佛背、项光。

编号：22

时代：西秦

形制：背屏龛，高2.30、宽1.80、深0.50米

内容：原塑一佛二菩萨，立佛左手举于胸前抚衣角，右
　　　臂下垂提衣裾，高1.80米。西侧菩萨高1.40米。东
　　　侧菩萨已毁。
　　　彩绘佛火焰纹背、项光，佛背光上画坐佛。

编号：23

时代：西秦

形制：背屏龛，高1.88、宽4.90、深0.38米

内容：塑并坐五佛，均作禅定印，结跏趺坐，高约1.10米。
　　　中间一佛头毁。五佛东侧一浅龛内塑一坐佛，胸以
　　　下残毁。

题记：东起第一、二佛之间上方墨书：
　　　岁在丙申六月十八日清信／张隆自概□曰法□／
　　　兹湮世沉沦回莫知／济故发微心来此灵／岩行道忏
　　　悔回观旧□／率目兴感遂发愤□／造宜修冶□（此）
　　　第一佛上方墨书：
　　　清信士颙潭一心供养佛时
　　　佛弟子孟□□（兰）供养
　　　比丘刘惠□比丘□□□

编号：24

时代：西秦

形制：壁画

内容：中间画两组一佛二菩萨。周围画千佛。

题记：壁画下方墨书：
　　　比丘慧眇道弘／□□昙□（愿）昙要□□化道融慧□

（勇）／僧□（林）道元道□□（道）□（明）道□（新）□
□□□□／□（等）共造此千佛□（像）愿生长□□佛
……／……／□□妙化众生□（弥）／□（勒）□（初）
下……供事千佛成□众正／觉

注：窟外通向第172窟天桥上方崖壁上　塑　佛、　菩萨等。
　　可能原作为西秦，经北魏、北周之际重修。又有隋
　　代及明代彩绘千佛。
　　　崖壁中部有唐代阴刻题记：
　　　度随军判官洺州／司兵参军郑嘉宾／攀缘陟仙阁
　　虔敬／佛龛灵峰既
　　　下方题记：
　　　作仏　胡阿九

第170龛

时代：唐

形制：平顶龛，高0.88、宽1.15、深0.35米。

内容：龛内雕一佛，结跏趺坐于束腰半圆形座上，残高
　　　0.77米，头毁。龛顶崩塌。
　　　壁画仅存残迹。

第171龛

时代：唐。明重修

形制：摩崖大佛龛，高约30米，龛前原有木构龛檐建筑

内容：龛内雕一大佛，右手抚膝，左手置于腹前，善跏
　　　趺坐于一方台上，高27米。

第172窟

时代：西秦、北魏。北周、明重修重绘

形制：形状不规则的天然窟，高约10.00、宽7.00、深
　　　20.00米

内容：窟内北壁上部，北魏石胎泥塑一佛二菩萨。佛作
　　　禅定印，结跏趺坐，高2.68米。北壁外侧石胎泥塑
　　　一佛，结跏趺坐，高0.90米。北壁下部北周并排塑
　　　五立佛，高1.07米，正壁置一木阁。木阁内正壁塑
　　　一佛二弟子，南、北两侧壁各塑一佛二菩萨。正壁
　　　佛结跏趺坐于方台座上，通高1.30米。二弟子高
　　　1.05米。南、北两侧壁佛结跏趺坐于方台座上，通
　　　高1.30米。菩萨高1.10米。

　　　窟内北壁明代画千佛、菩萨、护法、宗喀巴、僧
　　　人等。木阁外门上画释迦涅槃，门两侧各画五菩萨。
　　　木阁内顶部藻井书梵文六字真言。四壁画千佛。前
　　　壁门两侧画供养人。

题记：木阁内外墨书题记：
　　　助缘善人朱廷受／助缘道人赵　昶
　　　洮阳画士内外壁殿／永保普因／善果缘满一心净
　　土／吾定佛生秦学　信士法□／室人何氏二姐幼女
　　关姐永吉男秦邦机拜奉
　　　洮岷河信士中军指挥王栋／带领舍人识字军伴上
　　香／僧人道净秦云缪廷瑞陈爵
　　　庄浪卫城南苦水湾堡众倍／胡福　苗大／西大通

都府刻字张样　张

　　释子镜满拜佛往生／西方极乐世界／诸佛亲蒙受
记

　　佛今据庄浪卫西大通都督鲁经先祖建立　玄真观
　　□修弟子田静安男田进文进香参拜

　　河州卫凉州换领班把总指挥佥宗信／室人金氏男
宗虎、杜关保

　　遇会僧人法味法宥圆才圆□(柏)／法敏杨大武杨
秉公／火杨漆禄母仲氏权廷臣杨秉公杨东曾王希□
(昆)陶尚印／恩

　　灵庵诸佛保佑／佛保佑信士鲁廷发

　　太少生林／吉祥之兆

　　西宁卫藏寺僧王□尚□拜／河州信仕石□妇□叩

　　嘉靖三十六年正月二十日因打冰桥怀诚／朝拜□
□王玄举

　　南关湘西后巷信士张秉彝张目中张仲孝／呈□人
各施信命见佛保佑病疾远利(离)吉祥／如意　万历
二十八年四月初四

　　庄浪进香弟子谢良辅一年／……四年／纪□缓进
香六年／纪门李氏一年

　　泾州□乐室□□□／庄浪卫阁云峰徒吴真□

　　窟内北壁墨书题记：

　　嘉靖四十年／二月初四日信士宁河居□□／高廷
美　董氏／佛善士高法忍　郑妙光　真□　吉祥如
意

　　崇祯岁在庚辰孟夏□生文正印释子朱□□信士徐
□俊同朝此

　　临洮府安积寺同缘僧修宝　修宏　修官　修寂等
／崇祯拾一年四月初八日进香记

　　嘉靖肆拾伍年夏季五月初六日居莲花寨奉／佛信
士白果领众白应鹤白应鹏／白应时白应节白朝云／
白朝凤白朝鸣白喜荷／白朝凰白禄保白仲信暨拜雨
道众／祈望佛恩保佑长命清净如意河州僧正司署□
(印)僧官明诠徒净西／太寺众僧明玄明诵净悟□□
□(地)□

　　慧集源／□□崇祯九年四月八日拜佛

　　孙尚仁　杨□志到／□万历二十四年委渡修桥□
／无□河州卫指挥使□□□

　　临洮卫崇祯十年十二月十一日张大□尚可□张声
三□

第173龛

时代：明

形制：平面长方形、平顶龛,高约5.00、宽3.40、深1.10米。

内容：龛内塑一佛，双手于腹前捧钵，结跏趺坐，高
　　　3.30米。
　　　　　龛顶残存彩绘莲花。正壁彩绘佛背、项光及流云，
　　　两侧画高山、花树、坐佛。南壁上部画八坐佛，下
　　　画菩萨。北壁画宗喀巴等。

题记：壁上藏文题记多处。

第174龛

时代：唐。明重修

形制：平面半圆形、低坛基、平顶龛，高1.05、宽1.17、
　　　深0.65米

内容：龛内雕一佛二弟子二菩萨。佛善跏趺坐于方台座
　　　上，高0.76米。弟子高0.72、菩萨残高0.70米，均
　　　立于半圆台上，头已无。
　　　　　壁画残存明代彩绘。

第175龛

时代：唐

形制：平顶龛，高0.60、宽0.35、深0.09米

内容：龛内雕一菩萨，左手持莲，左舒相坐于束腰方座
　　　上，高0.50米，风化严重。

第176龛

时代：唐

形制：平顶龛，高0.42、宽0.20、深0.04米

内容：龛内雕一立菩萨，高0.40米，风化严重。

第177龛

时代：唐

形制：平顶龛，高0.42、宽0.20、深0.04米

内容：龛内雕一立菩萨，高0.40米，风化严重。

第178龛

时代：唐

形制：平面半圆形、低坛基、平顶龛，高1.00、宽1.07、
　　　深0.40米

内容：龛内雕一佛二弟子二菩萨，风化严重。佛善跏趺
　　　坐于方座上，高0.70米。弟子高0.67米，菩萨高
　　　0.67米。均侍立。

第179龛

时代：唐

形制：平面马蹄形、低坛基、平顶龛，高1.10、宽1.10、
　　　深0.67米。

内容：龛内雕一佛二弟子二菩萨，风化严重，仅存残迹。
　　　佛善跏趺坐于方台座上。弟子残高0.65、菩萨残高
　　　0.65米，均侍立。

第180龛

时代：唐

形制：平面马蹄形、低坛基、平顶龛，高1.00、宽0.98、
　　　深0.70米

内容：龛内原雕一佛二弟子二菩萨，佛左手持钵，右手
　　　抚膝，善跏趺坐于方台座上，高0.80米。菩萨侍立
　　　于半圆台上，高0.76米。南壁菩萨及二弟子已毁。
　　　　　壁画仅存残迹，龛外北壁明代画佛像等。

题记：龛外顶部北侧墨书：

王哈喇什

洪武廿九年／□妻胃食／□全□□／□疾到□／

正月初五日／□治

洪武廿九年正月一日熊奇

第181龛

时代：唐

形制：平面长方形、平顶龛，高0.55、宽0.28、深0.13米

内容：龛内可能原雕一立菩萨，已失。

壁画仅存明代佛像残迹。

第182龛

时代：唐

形制：尖拱顶龛，高0.69、宽0.30、深0.07米

内容：龛内雕一菩萨立像，左手提净瓶，右手举莲蒂，
　　　高0.58米，表面风化。

壁画仅存明绘残迹。

第183窟

时代：元。明重绘

形制：平面方形、低坛基、平顶窟，高2.45、宽3.34、
　　　深3.05米。窟内正、南、北三壁正中各开一圆券形
　　　浅龛，南、北二壁外侧各开二圆券形浅龛

内容：窟内造像全无。

现有壁画底层为元代所作，表层为明代重绘。窟
顶画曼荼罗。壁面画千佛、菩萨、护法等。

第184窟（老君洞）

时代：北魏。清重修

形制：平面长方形、正壁突出半个中心柱，窟高5.80、
　　　宽7.80、深2.80米。中心柱宽2.60米，坛基高1.70米。
　　　正壁顶南、北侧各凿一深龛

内容：窟内中心柱正面，原有立佛一尊，后改雕老君坐像，
　　　南、北侧近代塑菩萨三身。

北壁、东壁上部清洗出北魏壁画。北壁一方高1.06、
宽1.38米，画二佛并坐及七佛。东壁门北侧一方高
1.30、宽1.65米，画千佛。墨书题名："释迦多宝佛"、
"药王菩萨"、"普贤菩萨"、"文殊师利菩萨"
等。

东壁门上一方以菩萨为主尊，甚残。

题记：南壁清光绪十六年墨书题记一方。

窟门北侧石刻：

胡阿九

附录：

重修古利灵岩寺碑记石碑阳刻（额篆"大明"）：

一气未分混茫鸿荒两仪既开阴阳肇生阳积成形为天日月
星辰悬象阴□成质为地山川土石成形／灵岩形□已沦匿
有焉至尧洪水滔天泛滥中国舜承／天命举禹任治水之劳厥
功懋哉蘇是名山巍嶪奇洞雕□（碛）蟠据中华草木稠蕤鸟兽
巢窠人所不迹孰□□□／利所存然上古气数

相盛人心淳沕未闻老佛之名至周武伯阳为柱下史著道德
始有道之名汉□□／身感梦入国迎贝叶初有释之号
迄梁唐晋宋元其教大兴迄今千百余年未尝一日泯也
□□□□□／上受宝圭莫究何代年号洮西守将何灌
率王安数众晨发郡城绝冰河尽灵岩胜概乃还朔知河
湟郡城□／去六十里许有古梵利灵岩谚呼冰灵寺莫
知所自略闻猎者涉黄河值白鹿追底深涧幽谷峻山□
□／则知悬洞层窟神像森然观其形窝龙彭峻环其北
河源涛渺绕其南巘崛屿巉□其西螯岿峰□面其□／
东枫□□檀蔚然长青芝草蔼芳灼然荣悴荆芷葛麻苡
尤芍蘼靡不生焉／马青岩翠峦高耸于云霄碧影霞光
辉映于日月崖壁空卢有上下中之八洞神像天成有座卧
□□□／尊□佛顶水帘珍珠瀑布弥陀龛仙径崎岖崄
峣观音岩圣水露滴流□救洞煊赫神妙响应祈嗣祷雨
□／灾徽禧无不遂祝若五气熏蒸百卉庄严八宝□丽
山威自然非公输妙用之巧岂能然哉若斯境也□／一
睹焉怵然警悟罔弗绝虑忘恩□（离）尘去垢清净身心
咏诵真诠皈善之心诚不异□（窝）西□佛土之／心养
性之圃耶时佳□□□□□□悉外域所以八极九垓
国都城邑云游黄缁俗士咸广仰敬□□／万载犹一日
也唐初命御史大夫清河崔公德武礼文英果谋度普天
率王岁诣□（月）集于开元壹拾□功／德□（修）无碍
泊都检校权知安乡县令上柱国□权膳部郎中魏季随
记石恭惟我／朝大明成化己酉节都阃蒋公玉游□
像露宇仰一心修造更名水帘为圆觉洞落□郡进士杨
训□□／壬辰游□静澄刱构殿宇未竟续获都纲三竹
坚□弘治庚戌重修救度洞接盖□岁蔽获进……／大
佛告成乡进士李绣志石逮正德甲戌戒坛僧佛尽蜀川
僧圆□山丹□□□（洞）□（僧）□□（润）等殿宇□空
□□□／僧人□上洞□罗汉尔哈巴僧惠宝僧王惠济
启□（尔）记序始末□□□／天地□（生）□之□（悠）
久□正德拾□岁丁丑□（孟）月八日贡士司山东□□
□□□□王世□□同郡□□徐恒书

碑阴刻（额篆"皇明"）：

古梵利灵岩寺四至／东至烟墩山南至黄河西至他刺坪北
至川城大路为界四至分明记／钦差守备河州地
方都指挥行事南安种勋／奉训大夫知河州事西蜀富
顺熊载／河州卫指挥朱纮蒋夫人何氏／河州僧正司
丁珍百户罗俊景忠姚氏何受何禄乩藏头目巴东合家
王完卜小完十／敕赐宝觉寺僧普能普裕普照普亮普
译普怀道□澄道明明秀明朗丁丁□丁丁境海通丁宣
丁遂法□／钦差大能仁寺右觉仪远丹星吉／钦差大
护国保安寺都纲锁南领占／岷州法藏寺灌顶大国师
剟巴坚参□□／钦差灌顶大国师□□／□（弘）化显
□二寺灌顶大国师锁南藏卜班着□藏卜扎夫伦卜南
喝洛竹班丹落竹土巴藏卜真巴先吉我梦尔先吉／□
□寺都刚扎失坚□刺麻着藏□（李）罗汉黑罗汉锁南
也□真巴藏卜三丹藏卜罗□（土）巴藏卜南哈尔坚参
／法藏寺丁尚师丁国师王刺麻贾罗汉文罗汉／□（乌）
思藏朵刺尚师□黑巴扎□朵列只扎赏恩巴藏卜扎失领

259

真桑尔加坚参领真藏卜锁南藏卜班蓝坚刹领真坚刹□／
澄阳庵助缘□明秀明朗锁南端住领真坚参端住领真
洛竹藏卜也舍端住锁南领真藏卜也舍桑尔加藏扎失
坚参／曹刺麻舍刺坚参汪东先吉元丹坚参杨维商客
高志英赏演玄冯俍许仲郑全李居士／各项匠役石铖
郭升□□□□王□志聪邓禄邓凡李宗蒲秀谢会
蒲清崇友才陆义王泽张守清范奕王居士赵／季盛王
青张青吴□方□顺黄家功德主钱□冯氏马四钱恩钱
锐钱铎钱林马景杨潘凤王发才果氏孟氏张千金□／
塔刺各处香老罗□张氏罗祥罗英顾祥钱宽谢刚顾完
顾成顾秀顾清顾勉顾表潘真方友才罗真文贤金祥方
友□□／汪源杨森鲁林魏□(氏)方友汉张□□(白)
□□(白)章白魁张□白士景陈宣张景石鲁茂谢忠谢
亮苏敬石文秀㮥计宗王克□／张景江完鲁能魏忠鲁
信魏宽刘氏王祥何以纹侯朋羊鲁方郭刚王清林魏贤
魏志聪魏洪宁大鲁敖鲁喜王玉魏□／黄政黄英李文
魏完魏秀魏士逵何文范完石氏范名王氏范文刘氏鲁
文祥何聚鲁氏㮥杨全杨宣潘氏刘□□／潘玉鲁氏
潘宁易景祁完易真杨能王能胡成李会黄赞李三李太
王怀王宁李氏李景黄完王通崔喜妻刘氏周大□□／
高洪肖宣刘斌刘潭刘怀徐继贤宋免宋连宋端车尚和
车信马骉马玺吴玘吴得㑶杨文清杨文森陈宣李完□
□／王俊李钦□(龙)祥刘聚姚朋郭奉王连王眙钱宇
冀完孙福赵士贤冀宁杨普贾刚王英贾宽贾洪秦通徐
端张聪方□／王瑞蒋氏陈端沈氏沈文会张氏魏度保

沈文清李氏蒋茂刘氏杨宗许彪胡通任喜杨文达史秀
苟亭福张氏朱秀／朱林刘刚杨景和张祥蒋成蒋怀何
秀崔氏王友才何永政侯清赵洪杜二杜四陆滑杨玉慈
俊徐邀张真□(冯)三史□(春)／杨莫仕泽江浩濯洪
芝升李永达王氏王氏关荣张进杨洪□(于)完贺海单
祥何玺曹俊蒲进蒲演蒲杰邢成邢洪□□□／邢秀邓
洪安俊安黑人安床赵文秀安宣公惠公福公明张会杨
秀邢威何五高三蒲连闰徐义曹洪谢□(庄)□(冯)玄
／正德十二年岁次丁丑丙午月九日立碑修寺三人佛
尽圆融海潮度化十方坛邦善男信女同生西方进度莲
花□生志□

说　明：

1952年，中央文化部社会文化事业管理局与西北文化部社会文化事业管理处共同组成炳灵寺石窟勘察团，对炳灵寺进行考察与研究，并编号一百二十四个。1963年，甘肃省文化局文物工作队组织炳灵寺石窟调查组再次调查炳灵寺石窟，对窟龛重新编号，凡一百八十三个。1981至1982年甘肃省博物馆和炳灵寺文物保管所对老君洞进行考古清理，发现了被覆盖的北魏壁画，遂将该窟编号为184。

以上石窟内容总录主要由董玉祥在炳灵寺文物保管所历年工作基础上整理而成，其中题记等项经王万青校对。石窟题记殊难求全，从节省篇幅考虑，特将编者认为重要的汉文题记，予以著录。

THE GROTTO ART OF CHINA

THE BINGLINGSI GROTTOES

COMPILED AND EDITED BY

ARCHAEOLOGICAL TEAM OF GANSU PROVINCE

&

THE BINGLINGSI GROTTOES DEPOSITORY FOR

CULTURAL RELICS

CULTURAL RELICS PUBLISHING HOUSE

BEIJING

1989

This Chinese edition has been published by the Cultural Relics Publishing House in cooperation with Heibonsha Limited, Publishers, in Japan, who had published a Japanese edition.

TABLE OF CONTENTS

LIST OF PLATES

48. Three standing buddhas (half destroyed) , no. 16, west wall, cave 169, stucco, Western Qin.

49. Standing buddha triad, detail, no. 22, south wall, cave 169, stucco, Western Qin.

50. Seated buddha, no. 21, south wall, cave 169, stucco, Western Qin.

51. Seated buddha, no. 21, south wall, cave 169, stucco, Western Qin.

52. Five seated buddhas, no. 20, south wall, cave 169, stucco, Western Qin.

53. Five seated buddhas (the first and second buddhas from the West) , no. 20, south wall, cave 169, stucco, Western Qin.

54. Five seated buddhas (the third—fifth buddhas from the West) , no. 20, south wall, cave 169, stucco, Western Qin.

55. Five seated buddhas (the first buddha), no. 20, south wall, cave 169, stucco, Western Qin.

56. Five seated buddhas (the second buddha), no. 20, south wall, cave 169, stucco, Western Qin.

57. Fasting buddha (the third buddha), no. 20, south wall, cave 169, stucco, Western Qin.

58. Five seated buddhas (the fifth buddha), no. 20, south wall, cave 169, stucco, Western Qin.

59. North wall, distant view, cave 169.

60. Myriad buddhas, no. 15, west wall, cave 169, mural painting, Western Qin—Northern Wei.

61. Three seated buddhas, no. 14, north wall, cave 169, stucco, Western Qin—Northern Wei.

62. Buddha triad, no. 3, north wall, cave 169, stucco, Western Qin—Northern Wei.

63. *Lokapala*, no. 3, north wall, cave 169, stucco, Western Qin—Northern Wei.

64. Illustrated buddhist story, no. 3, north wall, cave 169, mural painting, Western Qin–Northern Wei.

65. Two seated buddhas sitting side by side, no. 8, north wall, cave 169, stucco, Northern Wei.

66. Seated buddha, detail, no. 8, north wall, cave 169.

67. Seated buddha, detail, no. 8, north wall, cave 169.

68. Three seated buddhas, no. 5, north wall, cave 169, stucco, Northern Wei.

69. Standing buddha and chaired buddha, no. 5, north wall, cave 169, stucco, Northern Wei–Western Wei.

70. Upper—south portion, west wall, cave 169, mural painting, Sui—Tang.

71. *Tianqiao* above Big Buddha Niche.

72. Stuccoes by *Tianqian* wall, Western Qin—Northern Zhou.

73. Outer portion, north wall, cave 172, Western

Qin—Northern Zhou.

74. Seated buddha, detail, upper—outer portion, north wall, cave 172, stucco, Northern Wei.

75. *Foyetai* cave.

76. Preaching scene, *Foyetai* cave, mural painting, Western Qin—Northern Wei.

77. Upper—north wall, cave 184 (*Laojundong*) , mural painting, Northern Wei.

78. Upper—east wall, cave 184 (*Laojundong*) , mural painting, Northern Wei.

79. Bodhisattva, upper north wall, cave 184 (*Laojundong*) , mural painting, Northern Wei.

80. Northern Wei caves and niches.

81. Niches 124, 125, Northern Wei.

82. Seated buddha, detail, west wall, cave 126, stone sculpture, Northern Wei.

83. Standing bodhisattva, detail, west wall, cave 126, stone sculpture, Northern Wei.

84. Half—cross—legged bodhisattva and worshipping disciples, upper—west wall, cave 126, relief, Northern Wei.

85. Worshipping monks, pedestral, west wall, cave 126, relief, Northern Wei.

86. Buddha and worshipping bodhisattvas, upper—east wall, cave 126, relief, Northern Wei.

87. Bodhisattva triad, north wall, cave 126, stone sculpture, Northern Wei.

88. Cross—legged bodhisattva, detail, north wall, cave 126, stone sculpture, Northern Wei.

89. Standing bodhisattva, north wall, cave 116, stone sculpture, Northern Wei.

90. Standing bodhisattva, south wall, cave 126, stone sculpture, Northern Wei.

91. Area above opening, east wall, cave 128, Northern Wei.

92. Seated buddha, detail, west wall, cave 128, stone sculpture, Northern Wei.

93. Half—cross—legged bodhisattva and worshipping disciples, right extreme, area above opening, east wall, relief, Northern Wei.

94. Two seated buddhas sitting side by side, west wall, cave 132, stone sculpture, Northern Wei.

95. Cross—legged bodhisattva, north wall, cave 132, stone sculpture, Northern Wei.

96. Cross—legged bodhisattva, detail, cave 132.

97. Standing bodhisattva, north wall, cave 132, stone sculpture, Northern Wei.

98. Wrestler, cross—legged bodhisattva underfoot, north wall, cave 132, stone sculpture, Northern Wei.

stone sculpture, Tang.

159. Tang niches.

160. Standing bodhisattva, niche 62, stone sculpture, Tang.

161. Standing bodhisattva, niche 63, stone sculpture, Tang.

162. Buddha pentad, niche 64, stone sculpture, Tang.

163. Standing bodhisattva, detail, niche 64, Tang.

164. Standing bodhisattva, detail, niche 64, Tang.

165. Trampled demon, *lokapala* underfoot, south portion, niche 64, stone sculpture, Tang.

166. Trampled demon, *lokapala* underfoot, north portion, niche 64, stone sculpture, Tang.

167. Buddha triad, niche 65, stone sculpture, Tang.

168. Small stone pagoda, cave 3, Tang.

169. Chaired buddha, front wall of niche, lower south wall, cave 3, stone sculpture, Tang.

170. Standing bodhisattva, left wall of niche, lower—south wall, cave 3, stone sculpture, Tang.

171. Bodhisattva, right wall of niche lower—south wall, cave 3, stone sculpture, Tang.

172. Chaired buddha, west wall, cave 4, stone sculpture, Tang.

173. Standing bodhisattva, detail, south wall, cave 4, stone sculpture, Tang.

174. Disciples, north portion, west wall, cave 4, stone sculpture, Tang.

175. Disciples, south portion, west wall, cave 4, stone sculpture, Tang.

176. *Lokapala*, south wall, cave 4, stone sculpture, Tang.

177. Buddha triad, niche 78, stone sculpture, Tang.

178. Buddha pentad, niche 87, stone sculpture, Tang.

179. Buddha pentad, niche 88, stone sculpture, Tang.

180. Ceiling, niche 88, Tang.

181. Chaired buddha, west wall, cave 92, stone sculpture, Tang.

182. Standing bodhisattva. north wall, cave 92, stone sculpture, Tang.

183. Standing bodhisattva and *lokapala*, south wall, cave 92, stone sculpture, Tang.

184. Standing bodhisattva, detail, south wall, cave 92.

185. *Lokapala*, detail, south wall, cave 92.

186. Chaired buddha, west wall, cave 168, stone sculpture, Tang.

187. Chaired buddha, detail, west wall, cave 168.

188. Bodhisattva and disciple, north—west wall, cave 168, stone sculpture, Tang.

189. Seated bodhisattva, detail, north wall, cave 168, stone sculpture, Tang.

190. Disciple, detail, north portion, west wall, cave 168, stone sculpture, Tang.

191. *Lokapala*, south wall, cave 168, stone sculpture, Tang.

192. Niche 171 (Big Buddha Niche) , Tang.

193. Big Buddha, niche 171, stone sculpture, Tang.

194. Head of *lokapala*, cave 147, stone sculpture, Tang.

195. Buddha pentad, cave 150, stone sculpture, Tang.

196. Disciple, detail, north portion, west wall, cave 151, stone sculpture, Tang.

197. Disciple, north portion, niche 155, stone sculpture, Tang.

198. Standing buddha, detail, niche 158, stone sculpture, Tang.

199. Disciple, south wall, niche 166, stone sculpture, Tang.

200. Bodhisattva and disciple, north—west wall, cave 10, stone sculpture, Tang.

201. Standing bodhisattva, south wall, cave 10, stone sculpture, Tang.

202. Standing bodhisattva, detail, south wall, cave 10.

203. *Lokapala*, detail, north wall, cave 10, stone sculpture, Tang.

204. *Lokapala*, south wall, cave 10, stone sculpture, Tang.

205. *Lakapala*, detail, south wall, cave 10, stone sculpture, Tang.

206. *Lokapala*, detail, south wall, cave 10.

207. Tang niches.

208. Bodhisattvas and disciple, niche 12, stone sculpture, Tang.

209. Standing buddha, niche 13, stone sculpture, Tang.

210. Standing buddhas, niches 25 and 26, stone sculpture, Tang.

211. Standing buddha, niche 13, stone sculpture, Tang.

212. Worshipping monks, south wall, cave 134, mural painting, Tang.

213. Worshipping bodhisattva, north portion, west wall, cave 134, mural painting, Tang.

214. Seated buddha, niche 46, stucco, Western Xia.

215. Tang niches and stone pagodas in relief.

216. Stone pagodas in relief, Northern Song—Qing.

217. Stone pagodas in relief, Northern Song—Qing.

218. Bodhisattva, south wall, cave 168, mural painting, Ming.

219. Bodhisattva, south wall, cave 3, mural painting, Ming.

永靖炳灵寺

著者

吴作人（中央美术学院名誉院长、中国美术家协会主席）

岳邦湖（甘肃省文物工作队队长）

董玉祥（甘肃省文物工作队助理研究员）

张宝玺（甘肃省文物工作队助理研究员）

金维诺（中央美术学院教授）

王万青（炳灵寺文物保管所所长）

王世儒（炳灵寺文物保管所工作人员）

马世长（北京大学副教授）

萧　默（中国艺术研究院美术研究所研究人员）

黄文昆（文物出版社编辑）

赵之祥（甘肃省文物工作队工程师）

摄影

张宝玺

英译

辇信祐爾

装帧

三村淳

仇德虎

责任编辑

黄文昆

山本恭一

责任编辑　黄文昆
再版编辑　王　戈
责任印制　张　丽

图书在版编目（CIP）数据

永靖炳灵寺／甘肃省文物工作队，炳灵寺文物保管所编.
—北京：文物出版社，1989. 12（2024. 8 重印）
　（中国石窟）
　ISBN 978-7-5010-0050-0

Ⅰ. ① 永… 　Ⅱ. ① 甘… ② 炳… 　Ⅲ. ① 炳灵寺石窟 -
介绍 　Ⅳ.①K879. 26

中国版本图书馆 CIP 数据核字（2016）第272532 号

中 国 石 窟

永 靖 炳 灵 寺

甘肃省文物工作队
炳灵寺文物保管所　编

*

文物出版社出版发行

（北京市东城区东直门内北小街2号楼）

邮政编码：100007

http://www.wenwu.com

文 物 出 版 社 印 刷 厂 印 刷
新 华 书 店 经 销

开本：965×1270　1/16　印张：17.75　插页：1
1989 年 12 月第 1 版　2024 年 8 月第 4 次印刷
ISBN 978-7-5010-0050-0　定价：380.00 元